# PENSÉES POUR MOI-MÊME

MARC AURÈLE

Traduction par
AUGUSTE COUAT

# TABLE DES MATIÈRES

| | |
|---|---|
| MARC AURÈLE | 1 |
| LIVRE PREMIER | 3 |
| LIVRE II | 11 |
| LIVRE III | 18 |
| LIVRE IV | 26 |
| LIVRE V | 40 |
| LIVRE VI | 53 |
| LIVRE VII | 67 |
| LIVRE VIII | 83 |
| LIVRE IX | 98 |
| LIVRE X | 110 |
| LIVRE XI | 122 |
| LIVRE XII | 134 |

# MARC AURÈLE

## 121 AP. JC - 180 AP. JC

*"Cesse de te laisser emporter par le tourbillon"*

Ouvrage majeur de la philosophie stoïcienne, les pensées de l'empereur Marc Aurèle furent rédigées entre 170 et 180 ap. JC. Ces pensées apparaissent aujourd'hui comme étant d'une modernité surprenante. Considérées comme une véritable méthode pour atteindre le bonheur, ce chef de guerre, en avance sur ce temps, y démontre que le coaching moderne et la tendance du développement personnel n'ont rien inventé. Nous apprenons ainsi que pour les stoïques, le bonheur implique la sérénité, une forme d'impassibilité face aux aléas du quotidien, mais aussi et surtout une attitude distanciée face aux question existentielles liées notamment à la mort. C'est dans une conception déterministe du monde que l'empereur philosophe nous invite donc à prendre du recul, à savoir rester sage face au choses qui ne peuvent être changées, et courageux face à celles que nous pouvons modifier.

FVE

# LIVRE PREMIER

Mon grand-père Vérus m'a laissé l'exemple de l'honnêteté et de la patience.

### 2

Celui de qui je tiens la vie m'a laissé la réputation et le souvenir de sa modestie et de sa fermeté.

### 3

Ma mère m'a appris la piété et la libéralité, l'éloignement pour le mal, et même pour l'idée de faire du mal. Elle m'a appris, en outre, à être frugal et à m'abstenir d'un train de vie luxueux.

### 4

Mon bisaïeul m'a appris à ne pas fréquenter les écoles publiques, mais à suivre chez moi les leçons de bons maîtres et à comprendre qu'il ne faut épargner pour cela aucune dépense.

### 5

Mon gouverneur m'a appris à ne me passionner ni pour les Verts ni pour les Bleus, ni pour les Petits ni pour les Longs-Boucliers, mais à supporter la fatigue, à avoir peu de besoins, à travailler de mes mains, à ne pas multiplier les affaires, à fermer l'oreille aux délateurs.

## 6

Diognète m'a appris à ne pas m'empresser pour des choses frivoles, à me défier de ce que les charlatans et les imposteurs racontent sur les incantations magiques, les évocations de démons et autres choses du même genre ; à ne pas élever des cailles et à ne pas m'ébahir sur ce genre d'occupation ; à supporter la franchise, à apprendre la philosophie. Il m'a fait suivre les leçons d'abord de Bacchius, puis de Tandaside et de Marcien ; il m'a appris tout enfant à écrire des dialogues et à aimer le grabat, la couverture et toutes les prescriptions de la discipline hellénique.

## 7

Rusticus m'a fait comprendre que j'avais besoin de redresser et de former mon caractère ; il m'a appris à ne pas me laisser entraîner à l'imitation de la propagande des sophistes, à ne pas écrire sur les sciences, à ne pas composer des exhortations dialoguées, à ne pas essayer de frapper l'imagination en affectant une activité intempérante ; il m'a détourné de la rhétorique, de la composition poétique, du bel esprit ; il m'a enseigné à ne pas me promener dans ma maison vêtu d'une longue robe, et à dédaigner toute ostentation de ce genre ; à écrire des lettres simples, comme celle qu'il écrivit lui-même de Sinuessa à ma mère ; à me montrer facile et prêt à une réconciliation avec ceux qui, après m'avoir offensé, manifestaient l'intention de revenir à moi ; à lire de très près et à ne pas me contenter d'un examen sommaire ; à ne pas acquiescer trop vite à l'opinion de ceux qui parlent beaucoup ; c'est à lui, enfin, que je dois d'avoir eu dans les mains les *Commentaires* d'Épictète, qu'il avait dans sa bibliothèque, et qu'il m'a prêtés.

## 8

Apollonius m'a enseigné à avoir des opinions libres, nettes et réfléchies ; à ne regarder jamais, si peu que ce soit, autre chose que la raison ; à demeurer toujours le même au milieu des douleurs les plus vives, devant la perte d'un enfant, dans les grandes maladies ; j'ai vu en lui l'exemple vivant d'un homme à la fois très ferme et très doux, ne s'impatientant jamais lorsqu'il enseignait, et considérant à coup sûr comme le moindre de ses avantages son expérience professionnelle et l'habileté avec laquelle il savait transmettre sa science ; il m'a appris qu'il fallait accueillir les bienfaits que croient nous faire nos amis, sans engager notre liberté et sans nous montrer insensibles par nos refus.

### 9

De Sextus j'ai appris la bienveillance ; il m'a donné l'exemple d'une maison administrée paternellement et la notion d'une vie conforme à la nature ; il m'a montré la gravité sans fard, l'attention vigilante aux intérêts de ses amis, la patience à supporter les ignorants et ceux qui opinent sans examen. Son humeur était égale avec tous, au point qu'aucune flatterie n'avait la douceur de sa conversation, et que ceux qui en jouissaient n'avaient jamais plus de respect pour lui qu'à ce moment-là. Avec une intelligence compréhensive et méthodique, il découvrait et classait les principes nécessaires à la conduite de la vie ; il ne laissait jamais paraître ni colère ni aucune autre passion, étant à la fois très impassible et très tendre ; il aimait qu'on parlât bien de lui, mais sans faire de bruit ; il avait de l'érudition sans en faire étalage.

### 10

Alexandre le grammairien m'a donné l'exemple de la modération dans la correction des fautes ; il s'abstenait de reprendre avec dureté ceux qui laissaient échapper un barbarisme, un solécisme, un son vicieux ; il se bornait à leur montrer habilement ce qu'il fallait dire, en ayant l'air de répondre, [de confirmer,] de discuter non sur le mot lui-même, mais sur l'objet en question, ou par toute autre adroite suggestion.

### 11

Fonton m'a appris tout ce que la tyrannie a de méchanceté, de duplicité et d'hypocrisie ; et combien peu de cœur, en somme, ont ces gens que nous appelons patriciens.

## 12

Alexandre le Platonicien m'a appris à ne pas dire souvent et sans nécessité, et à ne pas écrire dans une lettre : « Je n'ai pas le temps, » afin d'écarter sans cesse par ce moyen, et en alléguant des affaires pressantes, tous les devoirs que m'imposent mes relations vis-à-vis de ceux qui vivent autour de moi.

## 13

Je tiens de Catulus que, loin de dédaigner les reproches de ses amis, même mal fondés, il faut en faire son profit et reprendre l'ancienne intimité ; qu'il faut dire volontiers du bien de ses maîtres, comme le faisaient, dit-on, Domitius et Athénodote, et aimer ses enfants d'un amour sincère.

## 14

De mon frère Sévérus j'ai appris l'amour de mes proches, l'amour de la vérité, l'amour de la justice ; par lui j'ai connu Thraséas, Helvidius, Caton, Dion, Brutus ; j'ai eu l'idée d'un gouvernement fondé sur la loi et sur l'égalité des droits de tous les citoyens, d'une royauté respectueuse avant tout de la liberté des sujets ; par lui encore j'ai appris comment on honore sans défaillance et toujours avec la même ardeur la philosophie, comment on est toujours généreux, libéral, plein d'espérance, confiant dans l'affection de ses amis, franc à l'égard de tous ceux à qui l'on a à faire des reproches, sans que nos amis aient à se demander : « Que veut-il ? que ne veut-il pas ? » mais de manière à le leur faire voir clairement.

## 15

Maximus m'a montré comment on est maître de soi-même, sans que rien puisse nous faire changer ; il m'a enseigné la fermeté dans toutes les circonstances pénibles et particulièrement dans les maladies ; la modération, la douceur et la dignité du caractère, la bonne humeur dans l'accomplissement du travail de chaque jour. Tout le monde était persuadé que sa parole exprimait toujours sa pensée, et que ce qu'il faisait était bien fait ; il ne s'étonnait de rien, [ne se troublait pas], n'avait jamais ni précipitation, ni indolence, ni embarras ; il ne se laissait pas abattre, ne montrait pas un visage tour à tour jovial, ou irrité et défiant ; il était bienfaisant, pitoyable et sincère ; on voyait en lui une droiture naturelle et non apprise. Jamais personne n'aurait craint d'être méprisé par lui ni n'aurait osé se supposer supérieur à lui ; il avait, enfin, de l'enjouement et de la grâce.

### 16

Voici les vertus dont mon père m'a légué l'exemple : la mansuétude, l'attachement inébranlable aux opinions réfléchies, le dédain de la vaine gloire et des vains honneurs, l'assiduité au travail ; il était prêt à écouter tous ceux qui avaient à lui dire quelque chose d'utile [à la communauté] ; rien ne pouvait le détourner de récompenser chacun selon son mérite ; il savait à quel moment il fallait tendre sa volonté ou lui donner du relâche ; il avait renoncé à l'amour des jeunes garçons ; bien qu'aimant la société, il permettait à ses amis de manquer un de ses repas et ne les obligeait pas à l'accompagner dans ses voyages. Ceux que des obligations quelconques avaient éloignés de lui le retrouvaient toujours le même ; dans les délibérations, il cherchait attentivement et avec persévérance le parti à prendre, au lieu d'éviter toute peine en se contentant de ses premières impressions. Il était fidèle à ses amis sans manifester ni lassitude ni engouement ; en toute occasion, il était maître de lui et d'humeur sereine. Il prévoyait et réglait d'avance les plus petites choses, sans faire d'embarras ; il arrêtait les acclamations et les flatteries dont il était l'objet. Économe des biens de l'empire, il réglait avec vigilance les dépenses des chorégies et ne craignait pas d'en être blâmé. Il n'avait aucune superstition à l'égard des Dieux, et, à l'égard des hommes, il ne cherchait point à plaire à la foule et à se rendre populaire ; en tout, il était sobre, ferme, sans affecter le manque de goût et sans se montrer avide de nouveautés. Il usait sans vanité et sans façon des biens qui contribuent à la douceur de la vie, et que la fortune prodigue en abondance. Il s'en servait [naturellement] quand ils se présentaient et n'en éprouvait pas le besoin quand il ne les avait pas. Nul n'aurait pu dire de lui qu'il fût un sophiste, un goujat, ou un pédant. On voyait en lui un homme mûr, complet, supérieur à la flatterie, capable de gouverner ses affaires et celles des autres. En outre, il honorait les vrais philosophes ; quant aux autres, il les traitait sans mépris, mais aussi sans se laisser entraîner par eux. Il était d'abord facile et aimable sans excès. Il avait assez de soin de sa personne, sans être trop attaché à la vie ni désireux de se faire beau, et sans se négliger pour autant. Grâce à cette vigilance, il n'eut recours que très rarement à la médecine, et s'abstint de remèdes et d'onguents. Avant tout, il s'effaçait sans envie devant ceux qui possédaient une faculté éminente, telle que la puissance de la parole, la connaissance des lois, des mœurs ou toute autre science ; il s'intéressait à eux et veillait à ce que chacun eût la renommée que lui méritait sa supériorité spéciale. Agissant toujours conformément à la tradition des ancêtres, il ne s'appliquait pas à en avoir l'air. Il n'aimait pas à changer de place et à s'agiter ; il séjournait volontiers dans les mêmes lieux et s'attachait aux mêmes objets. Après des crises de maux de tête, il revenait dispos, avec la même ardeur, à ses occupations accoutumées. Il avait fort peu de secrets, et ce n'était jamais qu'à propos des affaires publiques. Il était prudent et mesuré dans l'organisation des fêtes, la construction des édifices et les distributions faites au peuple et autres choses semblables. Il considérait le devoir à remplir, et non la gloire à retirer de ses actes. Il n'aimait pas à se baigner à une heure indue ; il n'était ni grand bâtisseur, ni curieux de mets rares, ni attentif au tissu et à la couleur de ses vêtements, ou à la beauté de ses esclaves. [Le plus souvent, même à Lanuvium, il portait le vêtement de Lorium, qu'il avait fait venir de sa maison d'en bas. A Tusculum, il empruntait son manteau ;] tout son train de vie était de la même simplicité. Il n'y avait dans ses manières rien de dur, d'inconvenant, ni de violent, rien dont on pût dire : « Il en sue ; » au contraire, il examinait chaque chose séparément, comme à loisir, sans précipitation, avec méthode, avec force, et de la façon la mieux appropriée. On aurait pu lui appliquer ce qu'on rapporte de Socrate, qu'il pouvait aussi bien s'abstenir que jouir de tout ce dont la plupart des hommes ont tant de peine à se priver, et dont ils jouissent avec si peu de retenue. Avoir la force de se contenir et de se priver dans les deux cas est la marque d'une âme bien équilibrée et invincible, telle que parut la sienne pendant la maladie de Maximus.

## 17

Voici, enfin, ce que je dois aux Dieux : j'ai eu de bons aïeuls, de bons parents, une bonne sœur, de bons maîtres ; mes familiers, mes parents, mes amis ont presque tous été bons. Je ne me suis jamais laissé aller à manquer de tact avec aucun d'entre eux, bien que je fusse d'un tempérament à le faire, à l'occasion ; la bonté des Dieux n'a pas permis le concours de circonstances où j'aurais commis cette faute. Grâce à eux, je n'ai pas été trop longtemps élevé par la concubine de mon grand-père, j'ai conservé la fleur de ma jeunesse ; loin de devenir homme avant le temps, j'ai même différé au delà. J'ai eu pour maître et pour père un homme qui devait me corriger de tout orgueil et me mettre dans l'esprit qu'il est possible de vivre dans une cour sans avoir besoin de gardes du corps, de vêtements éclatants, de torches, de statues et de tout cet appareil pompeux ; qu'on peut, au contraire, s'y réduire presque au train d'un simple particulier, sans être pour cela plus humble et plus lâche en face des devoirs qu'impose le gouvernement de l'État. J'ai eu un frère dont l'exemple pouvait m'exciter à me surveiller moi-même, et qui me charmait par sa déférence et sa tendresse. Mes enfants n'ont été ni dépourvus d'intelligence ni contrefaits. Je n'ai pas fait de trop rapides progrès dans la rhétorique, la composition poétique et d'autres exercices auxquels je me serais peut-être attaché, si j'avais senti que j'y réussissais bien. Je me suis hâté d'assurer à mes parents les honneurs qu'ils paraissaient désirer, et je ne les ai pas laissés languir dans l'espérance que, puisqu'ils étaient encore jeunes, je le ferais plus tard. C'est aussi grâce aux Dieux que j'ai connu Apollonius, Rusticus, Maximus. Je me suis fait, en les connaissant, une idée claire et répétée de ce que c'est que vivre conformément à la nature, et, autant que cela dépendait des Dieux, de leurs dons, des conceptions et des inspirations qui me venaient d'eux, rien ne m'a dès lors empêché de vivre conformément à la nature. Si j'y ai manqué en quelque chose, c'est par ma propre faute, c'est pour n'avoir pas observé les recommandations, et pour ainsi dire l'enseignement des Dieux. C'est grâce à eux que mon corps a résisté si longtemps à la vie que je mène, que je n'ai touché ni à Bénédicta ni à Theodotus, et que, saisi tard par les passions de l'amour, je m'en suis guéri. J'ai été parfois irrité contre Rusticus, mais je ne suis jamais allé jusqu'à des actes dont je me serais repenti. Ma mère, qui devait mourir jeune, a habité avec moi pendant ses dernières années. Toutes les fois que j'ai voulu venir en aide à un pauvre ou à un homme ayant quelque besoin, jamais je n'ai entendu objecter que je n'avais pas d'argent pour le secourir. Je n'ai jamais eu moi-même besoin de recourir à un autre pour le même objet. Je dois aussi aux Dieux d'avoir eu une femme si douce, si tendre, si simple ; d'avoir trouvé facilement pour mes enfants les meilleurs des maîtres. Des songes m'ont, comme un oracle, révélé des remèdes contre mes indispositions et particulièrement contre les crachements de sang et les vertiges, et cela à Gaète. Quand j'ai été séduit par la philosophie, je ne suis pas tombé dans les mains d'un sophiste, je ne me suis pas appesanti à déchiffrer les écrivains, à décomposer des syllogismes, à étudier les phénomènes célestes. Je n'aurais jamais eu tant de bonheurs sans l'assistance des Dieux et de la Bonne-Fortune.

Écrit chez les Quades, sur les bords du Granua.

# LIVRE II

Se dire à soi-même, dès le matin : je vais me rencontrer avec un fâcheux, un ingrat, un insolent, un fourbe, un envieux, un égoïste. Ils ont tous ces vices par suite de leur ignorance du bien et du mal. Mais moi, qui ai examiné la nature du bien, qui est d'être beau, et celle du mal, qui est d'être laid, et celle de l'homme vicieux lui-même, considérant qu'il a la même origine que moi, qu'il est issu non du même sang ni de la même semence, mais de la même intelligence, et qu'il est comme moi en possession d'une parcelle de la divinité, je ne puis recevoir aucun tort de ces hommes parce qu'aucun d'eux ne pourra me déshonorer ; je ne puis non plus ni m'irriter contre un frère ni m'éloigner de lui. Nous sommes nés pour l'action en commun, comme les pieds, les mains, les paupières, les rangées des dents d'en haut et d'en bas. Agir les uns contre les autres est contraire à la nature, et c'est agir les uns contre les autres que de s'indigner et de se détourner.

**2**

Qu'est-ce donc que ceci, qui constitue mon être ? De la chair, un souffle, le principe dirigeant. Laisse là tous les livres ; cesse de te disperser. Cela ne t'appartient plus. Mais, comme si tu étais sur le point de mourir, méprise la chair ; ce n'est que du sang, des os, un tissu fragile de nerfs, de veines et d'artères. Et vois ce qu'est ce souffle : du vent, qui n'est pas toujours le même, mais qu'à tout moment tu rejettes pour l'aspirer de nouveau. Reste donc le principe dirigeant. Eh bien, réfléchis : tu es vieux ; ne le laisse pas s'asservir, ne le laisse pas se mouvoir capricieusement et céder à des impulsions égoïstes, ne le laisse pas murmurer contre ton sort présent et redouter ton sort à venir.

### 3

Ce que font les Dieux est plein de leur providence. Ce que fait la Fortune ne se produit pas hors de la nature, hors de la trame et de l'enchaînement des choses que règle la Providence ; tout découle de là. Ajoutons-y la nécessité et l'utilité de l'ensemble de l'univers dont tu es une partie. Or, ce que comporte la nature du tout, et ce qui sert à la conserver, est bon pour chaque partie de cette nature. Les transformations des éléments aussi bien que celles des composés contribuent à conserver l'univers. Que ces dogmes te suffisent pour toujours. Repousse la soif des livres, pour mourir sans murmurer, mais avec tranquillité, en remerciant les Dieux du fond du cœur.

### 4

Rappelle-toi depuis combien de temps tu diffères, à combien d'échéances fixées par les Dieux tu n'as pas répondu. Il faut enfin que tu comprennes quel est cet univers dont tu fais partie ; quel est l'ordonnateur de l'univers dont tu es une émanation ; que ta durée est enfermée dans des limites déterminées. Si tu n'emploies pas ce temps à te procurer la sérénité, il disparaîtra, tu disparaîtras aussi, — et il ne reviendra plus.

### 5

À chaque heure du jour applique fortement ta réflexion, comme un Romain et comme un homme, à remplir tes fonctions exactement, avec sérieux et sincérité, avec charité, suivant la liberté et la justice ; débarrasse-toi de toute autre représentation. Tu y réussiras si tu accomplis chacune de tes actions comme la dernière de ta vie, te délivrant ainsi de toute légèreté, de toute répugnance passionnelle pour les commandements de la raison ; tu seras libre d'hypocrisie, de l'amour-propre, de la mauvaise humeur vis-à-vis de la destinée. Tu vois le peu d'obstacles qu'il suffit de vaincre pour vivre une vie au cours régulier et pareille à celle des Dieux ; les Dieux, en effet, ne demanderont pas autre chose à celui qui observera ces règles.

### 6

Tu t'es outragée, tu t'es outragée toi-même, ô mon âme, mais tu n'auras plus l'occasion de t'honorer toi-même, car notre vie à tous est courte. La tienne est presque achevée sans que tu te sois respectée, parce que tu as mis ton bonheur dans les âmes des autres.

### 7

Tu es distrait par les incidents extérieurs ; donne-toi le loisir de toujours ajouter quelque chose à ta connaissance du bien et cesse de t'étourdir en vain. Préserve-toi, en outre, d'une autre cause d'erreur. C'est folie que de se fatiguer à agir dans la vie, sans avoir un but où diriger toutes les tendances de notre âme et toutes nos idées sans exception.

### 8

On trouverait difficilement quelqu'un qui soit malheureux pour ne pas examiner ce qui se passe dans l'âme des autres, mais ceux qui ne suivent pas avec attention les mouvements de leur propre âme sont fatalement malheureux.

### 9

Se rappeler toujours ceci : quelle est la nature de l'univers et quelle est la mienne ? qu'est celle-ci par rapport à la première ? quelle partie de quel tout est-elle ? Et ceci : nul ne peut t'empêcher d'agir toujours et de parler conformément à la nature dont tu es une partie.

### 10

C'est en philosophe que Théophraste, comparant entre elles les fautes et les jugeant comme le ferait le sens communs, déclare les infractions de la concupiscence plus graves que celles de la colère. L'homme irrité agit sous l'effet d'une certaine douleur qui contracte secrètement son âme et le détourne de la raison ; celui qui pèche par concupiscence est esclave du plaisir ; il est évidemment plus déréglé et plus efféminé. Théophraste disait donc avec raison et en vrai philosophe que la faute accompagnée de plaisir mérite d'être plus sévèrement reprochée que celle qui vient de la douleur. Bref, dans un cas, le coupable est comme victime d'une injustice, et c'est la douleur qui le force à se mettre en colère; dans l'autre, il court de son plein gré à l'injustice et se hâte d'agir pour satisfaire sa concupiscence.

## 11

L'idée que tu peux dès maintenant sortir de la vie doit inspirer tous tes actes, toutes tes paroles, toutes tes pensées. S'en aller d'au milieu des hommes n'a rien de terrible, si les Dieux existent, car ils ne sauraient te faire tomber dans le mal. Si, au contraire, ils n'existent pas, ou s'ils n'ont aucun souci des choses humaines, que t'importe de vivre dans un monde vide de Dieux, vide de providence? Mais, certes, ils existent, ils ont souci des choses humaines, et ils ont donné à l'homme plein pouvoir d'éviter le mal véritable ; s'il y avait quelque autre mal que celui-là, ils l'auraient prévu et auraient fait en sorte que l'homme pût [toujours] s'en préserver. Comment donc ce qui ne rend pas l'homme plus mauvais pourrait-il rendre sa vie plus mauvaise ? Il n'est pas possible que la nature de l'univers ait négligé cette considération, ou par ignorance, ou à bon escient, mais par impuissance à prévenir et à corriger une injustice ; il n'est pas possible que par impuissance et par maladresse elle se soit trompée à ce point en laissant [les biens et] les maux arriver également et indistinctement aux bons et aux méchants. La mort et la vie, la renommée et l'obscurité, la peine et le plaisir, la richesse et la pauvreté, arrivent également aux bons et. aux méchants, mais ces choses ne sont ni belles ni laides. Ce ne sont donc ni des biens ni des maux.

## 12

Comme tout s'évanouit vite, les corps eux-mêmes dans l'univers, et dans la durée leur mémoire ! Que valent toutes les choses sensibles, même celles qui nous séduisent le plus par les attraits du plaisir, ou qui nous éloignent par la crainte de la douleur, ou que l'orgueil célèbre à grand bruit ! Comme elles sont insignifiantes, méprisables, vulgaires, périssables, mortes même ! Voilà ce que notre intelligence doit s'appliquer à reconnaître. Que sont-ils ceux dont les opinions et les paroles donnent la renommée ? Qu'est-ce que la mort ? Si on la considère [seule,] en elle-même, si l'analyse de la réflexion dissipe tous les fantômes que nous apercevons en elle», on n'y verra rien qu'un acte de la nature. Il n'y a qu'un petit enfant qui puisse craindre un acte de la nature, et la mort est non seulement un de ces actes, mais encore c'est un acte qui lui est utile. Comment l'homme touche-t-il à la divinité, par quelle partie de lui-même, et dans quelles dispositions faut-il que soit [à ce moment] cette partie de l'homme ?

### 13

Il n'y a rien de plus malheureux que celui qui promène sa pensée sur tout ce qui l'entoure, qui fouille, comme dit le poète, les choses souterraines, qui épie les preuves de ce qui se passe dans l'âme de son prochain, et qui ne s'aperçoit pas qu'il lui suffirait de rester en contact avec le génie qui est au dedans de lui-même, et de le servir sincèrement. Servir ce génie, c'est se conserver pur de toute passion, de toute erreur, de toute mauvaise humeur contre ce qui nous vient des Dieux ou des hommes. Nous devons respecter ce qui nous vient des Dieux à cause de leur haute sagesse, et aimer qui nous vient des hommes à cause de leur parenté avec nous, ou parfois en avoir pitié à cause de leur ignorance du bien ou du mal ; ce n'est pas, en effet, une moindre infirmité que celle qui nous empêche de distinguer le blanc et le noir.

### 14

Quand même tu devrais vivre trois [fois] mille ans ; et autant de fois dix mille, rappelle-toi cependant ceci : personne ne perd que le moment de vie qu'il est en train de vivre, et n'en vit un autre que celui qu'il perd. L'existence la plus longue en est donc au même point que la plus courte. Le présent est égal pour tous, donc le moment qui passe est égal pour tous, et par suite ce que nous perdons nous apparaît comme imperceptible. Nul ne peut, en effet, perdre ni le passé ni l'avenir ; qui lui enlèverait ce qu'il ne possède pas ? Rappelle-toi donc ces deux points : d'abord, les choses, de toute éternité, sont pareilles et tournent dans le même cercle. Qu'importe donc de voir les mêmes choses pendant cent ans ou deux cents, ou pendant un temps infini ? En second lieu, l'homme qui jouit de la plus grande longévité et celui qui est condamné à la mort la plus prompte perdent une durée égale. Le moment présent est le seul, en effet, dont l'un et l'autre puissent être privés, car c'est le seul qu'ils possèdent, et ce que l'on ne possède point, on ne peut pas le perdre.

### 15

« Que tout n'est qu'opinion. » La pensée du cynique Monimos est évidente, et son utilité évidente aussi, pourvu que l'on en retire, dans la limite de ce qu'elle a de vrai, la leçon salutaire.

### 16

L'âme humaine s'avilit, d'abord lorsqu'autant qu'il est en elle, elle sort comme un abcès du corps du monde : s'impatienter contre quoi que ce soit qui arrive, c'est [en effet] sortir de la nature qui embrasse comme autant de parties d'elle-même toutes les natures particulières. En second lieu, quand elle se détourne d'un homme ou même se porte contre lui dans l'intention de lui nuire. Ainsi font les âmes des gens irascibles. Elle s'avilit en troisième lieu quand elle se laisse vaincre par le plaisir ou la douleur. En quatrième lieu, quand elle feint, quand ses actions ou ses paroles sont artificieuses et mensongères. Cinquièmement, quand ses actions ou ses impulsions n'ont aucun but, quand elle emploie son énergie au hasard et sans suite, tandis qu'il faudrait diriger nos actes les plus insignifiants en vue d'une fin. Or, la fin d'animaux raisonnables est de suivre la raison et la loi établies dans la cité par la plus antique des constitutions.

### 17

Qu'est-ce que la durée de la vie de l'homme ? Un point. Sa substance ? Un écoulement. Sa sensibilité est confuse ; les parties qui composent son corps sont exposées à pourrir ; son âme est un tourbillon ; son destin est obscur, la renommée incertaine. En résumé, tout est vain ; le corps est une eau qui coule ; l'âme un songe, une fumée ; la vie n'est qu'une guerre, un séjour en pays étranger ; la gloire posthume, c'est l'oubli. Qu'est-ce qui peut donc nous conduire dans ce voyage ? La philosophie seule. Elle consiste à conserver notre génie intérieur exempt de tout affront et de toute souillure, supérieur aux plaisirs et aux peines ; à ne rien faire au hasard, à ne jamais mentir ni feindre ; à ne dépendre en rien de ce que les autres peuvent faire ou ne pas faire. Il faut, en outre, accepter ce qui nous arrive, la part qui nous est attribuée comme venant d'où nous sommes venus nous-mêmes. Surtout il faut attendre la mort avec sérénité, comme n'étant pas autre chose que la dissolution des éléments dont chaque être vivant est composé. Et s'il n'y a rien d'extraordinaire pour chacun de ces éléments dans leurs perpétuelles métamorphoses, pourquoi verrait-on d'un mauvais œil la métamorphose et la dissolution de leur tout ? Elle a lieu conformément à la nature, et rien de ce qui est conforme à la nature n'est mauvais.

Écrit à Carnuntum.

## LIVRE III

Il ne faut pas réfléchir seulement à ceci que la vie se dépense chaque jour, et qu'il nous en reste une partie de plus en plus petite. Réfléchissons en outre que, si nous vivons longtemps, nous ne sommes pas sûrs que notre pensée, égale à elle-même, suffise toujours à comprendre la vérité et à se pénétrer de la doctrine qui nous conduit à l'expérience des choses divines et humaines. Si notre esprit commence à déraisonner, nous pourrons toujours respirer, prendre des aliments, avoir des représentations et des tendances, [etc.,] mais ce qui s'éteint d'abord en nous, c'est le pouvoir de nous gouverner nous-mêmes, d'appliquer exactement et dans toutes leurs nuances les règles du devoir, d'analyser nos impressions, de considérer s'il est temps de nous donner congé de la vie, et de résoudre tant de questions qui exigent une raison exercée. Hâtons-nous donc, non seulement parce qu'à chaque instant nous nous rapprochons de la mort, mais parce que l'intelligence de la suite des choses cesse en nous avant tout le reste.

### 2

Observez encore ceci : toute chose que produit la nature, quoi qui vienne à se produire en elle, garde même en cela je ne sais quelle grâce et quel attrait. Par exemple, la cuisson du pain en fait éclater certaines parties ; bien que ces crevasses soient en quelque sorte contraires au dessein de la fabrication, elles ne déplaisent pas ; elles donnent véritablement envie de manger. Ainsi encore, les figues, dans leur pleine maturité, se fendent. Quand les olives tombent de l'arbre et sont près de pourrir, elles ont une sorte de beauté propre. Voyez les épis courbés par leur poids vers le sol, le plissement de front du lion, l'écume qui coule de la gueule du sanglier et beaucoup d'autres choses encore ; considérées en elles-mêmes, elles sont loin d'être belles, mais par cela seul qu'elles accompagnent le développement des créations de la nature, elles y ajoutent un ornement et un attrait. Il suffit de sentir et de comprendre [un peu] profondément la vie de l'univers pour trouver en presque tous les phénomènes qui la manifestent et même qui l'accompagnent un accord qui a bien son charme. Ainsi nous verrons de véritables gueules béantes de bêtes féroces avec autant de plaisir que les représentations qu'en donnent les peintres et les sculpteurs ; nous pourrons, avec l'œil du sage, reconnaître dans la vieille femme et dans le vieillard, comme la grâce dans l'adolescent, la beauté de ce qui est arrivé à son achèvement. Il y a beaucoup d'autres faits semblables qui ne persuaderont pas tout le monde et que comprendra seul celui qui se sera vraiment familiarisé avec la nature et avec ses œuvres.

3

Hippocrate, après avoir guéri beaucoup de maladies, tomba lui-même malade et mourut. Les Chaldéens prédirent la mort de beaucoup de gens ; puis la destinée les prit à leur tour. Alexandre, Pompée, Caius César, après avoir détruit tant de villes de fond en comble et défait en bataille rangée tant de milliers de cavaliers et de fantassins, sortirent eux-mêmes un jour de la vie. Héraclite, qui fit tant de raisonnements sur la nature et sur l'embrasement du monde, devint hydropique, se fit enduire de fiente et mourut. La vermine a tué Démocrite ; une autre vermine tua Socrate. Qu'est-ce donc ? Tu t'es embarqué, tu as pris la haute mer, tu as fait la traversée ; débarque. Est-ce pour vivre une autre vie? Là-bas non plus, rien n'est vide de Dieux. Est-ce pour ne plus rien sentir ? Tu cesseras donc d'être en proie à la douleur et au plaisir ; d'être l'esclave de ce vase d'autant plus méprisable que ce qui lui est soumis lui est supérieur1; ceci, en effet, s'appelle raison et dieu intérieur ; cela n'est que de la terre et du sang.

## 4

Ne consume pas le temps qui te reste à vivre en des idées qui concernent les autres, sans que tu puisses les rapporter à l'utilité générale. Tu as autre chose à faire et tu t'en prives en te préoccupant de ce que fait un tel, et pourquoi, et de ce qu'il dit, et de ce qu'il pense, et de ce qu'il prépare, et de tout ce qui ne sert qu'à nous étourdir en nous détournant de veiller sur le principe qui nous dirige. Il faut, dans l'enchaînement de tes représentations, éviter le caprice, la frivolité et surtout l'indiscrétion et la méchanceté ; il faut t'habituer à n'avoir dans l'esprit que des représentations telles que si l'on te demandait soudain: « A quoi pensez-vous ? » tu puisses immédiatement répondre avec franchise : « A ceci ou à cela. » Ainsi l'on verrait clairement que tout en toi est simplicité, bienveillance, que tout y porte la marque d'un être sociable, éloigné des plaisirs ou même simplement des représentations mensongères de la volupté, de la jalousie, de l'envie, du soupçon et de tout ce dont on rougirait de dire qu'on y pensait. Un homme d'un tel caractère, qui s'applique sans délai à être vertueux, est comme un prêtre et un ministre des Dieux; il écoute le génie qui habite en lui-même et qui préserve l'homme de la souillure du plaisir, de la blessure des douleurs, du contact de toute insolence, du sentiment de toute méchanceté ; qui fait de lui l'athlète de la lutte la plus glorieuse, celle dont l'objet est d'être invulnérable aux passions, parce qu'il s'est profondément imbu de justice et que de toute son âme il accueille tout ce qui lui arrive et toute part qui lui est faite. Ce génie l'empêche enfin de s'occuper à tout propos, et sans nécessité pressante et d'intérêt général, de ce qu'un autre peut dire, faire ou penser. Il n'accomplit d'autre action que celle qui lui est propre, et sans cesse médite sur le rôle qui lui est tracé dans la trame de l'univers; cette action, il la donne belle, et il est persuadé que ce rôle est bon. En effet, la destinée impartie à chacun est influencée par l'ensemble des choses et influe à son tour sur elles. Il se rappelle que tous les êtres raisonnables sont unis par un lien de parenté et que, s'il est dans la nature humaine de s'intéresser aux hommes, il ne faut pas cependant s'attacher à l'opinion de tout le monde, mais seulement à l'opinion de ceux qui vivent conformément à la nature. Quant à ceux qui ne vivent pas ainsi, il n'oublie jamais ce qu'ils sont chez eux et au dehors, pendant la nuit et pendant le jour, ce qu'ils valent et dans quelle compagnie ils se souillent. Il ne tient donc aucun compte des louanges de tels hommes qui ne réussissent même pas à être contents d'eux-mêmes.

5

N'agis jamais à contre-cœur, ni en égoïste, ni avec légèreté, ni avec distraction ; n'enjolive ta pensée d'aucun ornement, sois sobre de paroles et d'actes. Que la divinité qui est en toi ait à gouverner un être viril, mûri par l'âge, dévoué à la cité, un Romain, un empereur, qui s'est discipliné lui-même, comme s'il attendait le signal qui le rappellera de la vie sans déchirement, sans qu'il demande de serments à personne, sans qu'il ait besoin d'un témoin. Il faut avoir1 une âme sereine qui n'ait besoin d'aucun secours extérieur ni de cette tranquillité qui vient des autres. Il faut être droit, non redressé.

6

Si tu trouves dans la vie humaine quelque chose de meilleur que la justice, la vérité, la tempérances, le courage ; quelque chose, en un mot, de meilleur qu'une intelligence assez forte pour se suffire à elle-même, en dirigeant tes actes suivant la raison [droite], et pour te faire accepter la part qui t'est attribuée, sans que tu aies eu à la choisir, par la destinée ; si, dis-je, tu vois quelque chose de meilleur que cela, tourne-toi de ce côté de toute ton âme, et jouis de ce souverain bien que tu auras découvert. Mais si tu n'aperçois rien de meilleur que le génie qui habite en toi, qui a rangé à l'obéissance ses propres penchants, qui fait la critique de ses représentations et s'est arraché, comme disait Socrate, à la passivité de la vie des sens, qui s'est soumis lui-même aux Dieux et qui s'intéresse aux hommes ; si tu trouves tout le reste petit et sans prix à côté de ce génie, ne te laisse jamais incliner ni détourner vers autre chose, ne laisse le champ libre à rien qui puisse te distraire d'honorer avant tout ce bien spécial qui est tien. A ce bien conforme à la raison et au service de la cité2, rien d'étranger n'a le droit de faire obstacle, par exemple la louange des hommes, le pouvoir, la richesse, le plaisir : toutes ces jouissances peuvent paraître s'accorder un moment avec lui, mais elles l'asservissent tout à coup et l'égarent. Toi donc, je le répète, choisis librement et simplement ce qui vaut mieux, et restes-y attaché. — Mais ce qui vaut mieux, c'est l'utile.

— Au point de vue de l'être raisonnable, oui, l'utile ; et poursuis-le. Mais l'utile au regard de l'animal ? J'attends la preuve, et t'engage à veiller sans orgueil sur ton jugement : tâche seulement de ne point te tromper dans ton examen.

### 7

N'honore jamais comme t'étant utile ce qui te forcerait à violer la parole donnée, à déserter l'honneur, à haïr, à soupçonner, à maudire, à feindre, à désirer quoi que ce soit que tu aies besoin de cacher derrière des murs ou des rideaux. Celui qui préfère à tout sa raison, son génie et la célébration des mystères de la vertu de son génie, ne fait pas de tragédie, ne se lamente pas, n'a besoin ni de la solitude ni de la multitude ; il vivra, chose essentielle, sans chercher ni fuir la vie ; peu lui importe que son âme soit plus ou moins longtemps enfermée dans la prison du corps ; faut-il la quitter dès maintenant, il s'en ira sans déchirement, comme s'il accomplissait toute autre action conforme à l'honneur et à la bienséance ; pendant toute sa vie il ne s'est gardé que d'une chose : de s'égarer en des pensées étrangères à l'être raisonnable et sociable.

### 8

Dans la pensée de l'homme qui s'est mortifié et purifié, il n'y a rien de gangrené, rien de souillé, rien qui suppure en dessous. Sa vie n'est jamais incomplète : quand le destin la lui prend à l'improviste, il ne ressemble pas à l'acteur tragique qui n'a pas encore achevé de jouer son drame jusqu'au bout. Rien en lui n'est servile ni affecté ; il n'est ni attaché à rien ni violemment séparé de rien ; il n'a à répondre de rien, à se cacher de rien.

### 9

Cultive en toi la faculté de juger. C'est le point essentiel, si tu ne veux plus que le principe qui te dirige admette un jugement en désaccord avec la nature et avec la constitution de l'être raisonnable. Or cette constitution suppose qu'on ne précipite pas son jugement, qu'on s'accommode avec les hommes et qu'on obéit aux Dieux.

## 10

Mets donc de côté tout le reste et tiens-t'en seulement à ces quelques points. Rappelle-toi en outre que chacun ne vit que le moment présent, qui est imperceptible ; tout le reste ou a été vécu ou est dans l'inconnu. Petit est donc l'instant que chacun vit, petit aussi ce coin de la terre où il vit, petite enfin la renommée la plus longue qu'on laisse après soi, et cette renommée se transmet par des hommes chétifs qui doivent bientôt mourir et qui ne se connaissent même pas eux-mêmes et ne connaissent certainement pas celui qui est mort autrefois.

## 11

Aux préceptes déjà exposés ajoutez-en un encore : déterminer toujours et décrire l'objet de toute représentation qui s'offre à l'esprit, afin de le voir à part et à nu, tel qu'il est en son fond matériel, tout entier et sous toutes ses faces, et de se dire son nom et le nom des éléments dont il se compose et dans lesquels il se résoudra. Rien n'est mieux fait pour élever l'âme que de pouvoir définir avec méthode et suivant la vérité chacun des objets qu'on rencontre dans la vie, que de le regarder toujours de façon à comprendre ce qu'est l'ensemble auquel il appartient et de quelle utilité il est pour cet ensemble, quel est son prix par rapport au tout et aussi par rapport à l'homme, citoyen de la cité supérieure dont toutes les autres cités sont comme les maisons : qu'est-il ? de quoi est-il composé ? combien de temps doit-il durer, cet objet que je me représente en ce moment ? de quelle vertu ai-je besoin vis-à-vis de lui, douceur, courage, sincérité, confiance, simplicité, force d'âme, etc. ? Il faut donc se dire à propos de chaque chose : ceci me vient de Dieu; ceci est le résultat de l'entre-croisement des faits et de leur rencontre dans la trame ourdie [et tissée] par la Fortune ; ceci me vient d'un compagnon de tribu, d'un parent, d'un associé qui ne sait pas ce qu'il doit faire conformément à la nature. Mais moi je le sais; aussi je le traite avec bienveillance et justice, suivant la loi naturelle de la solidarité. Je m'applique en même temps à assigner leur véritable prix aux choses indifférentes.

## 12

Si tu fais l'œuvre du moment présent, suivant la droite raison, avec zèle, avec énergie, avec douceur, sans te laisser détourner par rien d'accessoire, mais en conservant ton génie pur comme s'il te fallait déjà le rendre; si tu t'attaches à cela, sans rien attendre et sans rien fuir, te contentant d'agir dans le moment présent d'après la nature et d'observer courageusement la vérité dans tes moindres paroles, tu vivras bien. Or, personne ne peut t'en empêcher.

## 13

De même que les médecins ont toujours à leur portée des appareils et des instruments pour les interventions subites, de même aie toujours à ta disposition les dogmes pour connaître les choses divines et humaines et accomplir tes moindres actes en te rappelant le lien qui les unit les unes aux autres. Tu ne mèneras à bien aucune affaire humaine sans la rapporter aux choses divines, et réciproquement.

## 14

Ne te disperse plus ; tu n'auras le temps de lire ni tes propres mémoires, ni l'histoire de l'ancienne Rome et de la Grèce, ni les extraits d'auteurs que tu avais réservés pour ta vieillesse : hâte-toi donc vers le but, renonce aux vaines espérances; aide-toi toi-même si tu as souci de toi, tandis que tu le peux encore.

## 15

On ne sait pas [tout] ce que signifient les verbes voler, semer, acheter, être en repos, voir ce qu'il faut faire ; ce n'est pas avec les yeux mais avec une autre vue que l'on s'en rend compte.

## 16

Corps, âme, raison : au corps les sensations, à l'âme ses instincts et ses mouvements, à la raison les jugements. Recevoir les représentations par empreinte, même le bétail en est capable ; être tiré en sens divers par l'instinct est aussi un privilège des bêtes fauves, des androgynes, d'un Phalaris, d'un Néron ; accomplir sous la conduite de la raison l'acte qu'on juge convenable n'est étranger ni à ceux qui ne croient pas aux Dieux, ni à ceux qui trahissent leur patrie, ni à ceux qui osent tout faire, une fois la porte fermée. Si ces facultés appartiennent aussi aux diverses catégories que j'ai nommées, quel est donc le bien propre à l'homme vertueux ? C'est d'aimer et d'accueillir ce qui lui arrive, tout ce qui forme la trame de sa destinée ; c'est de ne pas souiller le génie qui habite dans sa poitrine, de ne pas se laisser troubler par la foule des impressions sensibles, mais de demeurer serein, modestement soumis à Dieu, sans jamais rien dire contre la vérité, sans jamais rien faire contre la justice. En vain, tous les hommes se défient de lui parce que son existence est simple, pudique, tranquille ; il ne s'indigne contre personne et ne se détourne pas de la route qui le conduit au terme de la vie, vers lequel nous devons nous avancer purs, calmes, détachés de tout, en libre accord avec notre destinée.

# LIVRE IV

Quand notre maître intérieur est d'accord avec la nature, les événements de la vie le trouvent disposé à se plier facilement à ce qui lui est donné et à ce qui est possible. Il ne préfère aucune matière d'action déterminée ; mais il suit son idée, se réservant de faire de ce qui est dirigé contre lui la matière de son action. Ainsi, quand des objets qui pourraient éteindre une faible lampe tombent dans le feu, celui-ci s'en rend maître ; il s'assimile en brillant d'un plus vif éclat tout ce qui lui est apporté, il le consume et s'en sert pour grandir.

### 2

N'agis jamais au hasard ni sans rapporter aux principes de l'art de vivre la maxime de ton action.

### 3

On cherche des refuges où se retirer, des campagnes, des plages, des montagnes ; toi aussi, c'est ce que tu désires avant tout. Mais tout cela est bien peu digne d'un philosophe, puisque tu peux, au moment où tu le voudras, te retirer en toi-même. Nulle part l'homme ne trouve une retraite plus calme et plus de repos que dans son âme, surtout celui dont le dedans est tel qu'en se penchant pour y regarder, il retrouve toute sa sérénité ; je veux dire par sérénité l'état d'une âme bien réglée. Procure-toi donc sans cesse à toi-même cette retraite, et renouvelle-toi. Aie à ta disposition quelques maximes courtes et élémentaires qui, s'offrant à ton esprit, suffiront à t'affranchir de tout chagrin et à te renvoyer sans aucun sentiment d'irritation dans le milieu où tu vas rentrer. De quoi, en effet, t'indigner ? De la méchanceté des hommes ? Reporte-toi à cette loi que les êtres raisonnables sont nés les uns pour les autres, que la tolérance est une partie de la justice, que les hommes sont coupables malgré eux, que des milliers d'entre eux, après s'être fait la guerre, après avoir soupçonné et haï, après avoir été percés de coups, ont été couchés par la mort et réduits en cendre ; réfléchis à tout cela et cesse de te plaindre. T'indignes-tu de la part qui t'est faite dans l'univers ? Rappelle-toi le dilemme : ou une Providence ou des atomes, et aussi par combien d'arguments on t'a démontré que l'univers est comme une cité. Est-ce encore ton corps qui va te tourmenter ? Réfléchis que la pensée, une fois qu'elle s'est reprise et qu'elle connaît sa propre indépendance, ne se mêle en rien aux mouvements doux ou rudes du souffle vital ; pense à tout ce que tu as entendu et appuyé de ton assentiment sur le plaisir et la douleur. Vas-tu donc te préoccuper de la gloriole ? Mais vois avec quelle rapidité tout s'oublie ; vois des deux côtés de toi le gouffre infini du temps, la vanité du bruit que nous faisons, l'inconstance et l'incertitude de la renommée, la petitesse de l'endroit où elle est circonscrite. Toute la terre n'est qu'un point ; quelle place y occupe pourtant le petit coin où nous habitons ? Et dans ce coin combien feront notre éloge, et que valent-ils ? Enfin, souviens-toi que tu as en toi-même un petit domaine où tu peux te retirer. Avant tout, ne t'agite pas, ne te raidis pas ; sois libre ; considère les choses virilement, en homme, en citoyen, en être né pour mourir. Voici maintenant les deux règles de conduite que tu dois avoir le plus présentes à l'esprit pour y réfléchir. D'abord, les choses ne touchent pas l'âme ; elles sont extérieures et insensibles ; nos tracas ne viennent que de l'opinion que nous nous en faisons. En second lieu, tout ce que tu vois autour de toi se transforme presque instantanément et va ne plus être ; de combien de changements n'as-tu pas été le témoin ? Songes-y sans cesse. Le monde n'est que métamorphose ; la vie n'est que ce qu'on en pense.

## 4

Si l'intelligence nous est commune à tous, la raison, qui fait de nous des êtres raisonnables, nous est aussi commune ; si cela est vrai, la raison qui nous prescrit ce qu'il faut faire ou ne pas faire nous est commune ; si cela est vrai, la loi nous est commune ; si cela est vrai, nous sommes concitoyens ; si cela est vrai, nous sommes membres d'un même État ; si cela est vrai, le monde est comme une cité. De quel autre État, en effet, dira-t-on que la race humaine tout entière fait partie ? C'est de là, de cette cité commune que nous tenons l'intelligence [elle-même], la raison et la loi ; car d'où nous viendraient-elles ? De même qu'en moi ce qui est terrestre est une partie [détachée] d'une certaine terre, que ce qui est humide appartient à un autre élément, que ce qui est souffle, chaleur et feu émane d'une source spéciale (car rien ne sort de rien ni ne disparaît dans le néants), de même mon intelligence vient de quelque part.

## 5

La mort est, comme la naissance, un mystère de la nature ; l'une se fait par la combinaison des mêmes éléments dont l'autre n'est que la décomposition. Il n'y a rien là dont personne ait à rougir ; cela n'est nullement contraire à la loi de l'être raisonnable et au plan de sa constitution.

## 6

C'est une nécessité de la nature que des gens de cette espèce agissent ainsi. Celui qui ne le veut pas veut que la figue n'ait pas de suc. Pour conclure, rappelle-toi que dans un temps très court toi et cet autre vous serez morts ; peu après, il ne restera même plus votre nom.

## 7

Supprime ton jugement, la proposition : « Je suis lésé, » est supprimée ; supprime la proposition: « Je suis lésé, » le dommage lui-même est supprimé.

**8**

Ce qui ne rend pas L'homme pire ne rend pas pire sa vie et ne lui cause aucun dommage ni extérieur ni intérieur.

**9**

La nature, en sa providence, est obligée d'agir ainsi.

**10**

Tout ce qui arrive arrive justement ; tu t'en convaincras par un examen attentif ; les choses se succèdent, je ne dis pas seulement dans un certain ordre, mais suivant la justice, comme si quelqu'un nous les attribuait d'après notre mérite. Continue donc d'être attentif comme auparavant ; quoi que lu fasses, fais-le dans la pensée d'être homme de bien et conformément à l'idée exacte de l'homme de bien. Observe cette règle en tous tes actes.

**11**

Si tu reçois une offense, ne la juge pas comme celui qui te l'a faite, ni comme il veut que tu la juges ; considère-la telle qu'elle est en réalité.

**12**

Il faut toujours te tenir prêt à deux choses : d'abord, à ne faire que ce qui t'est suggéré, pour le bien des hommes, par la raison, notre reine et notre loi ; ensuite, à changer d'avis s'il se trouve quelqu'un qui redresse ton jugement et te détourne d'une certaine opinion. Mais ces changements ne doivent jamais se produire que par l'effet d'une conviction de justice ou d'utilité générale, non parce que tu en attends de l'honneur ou du plaisir.

**13**

Possèdes-tu la raison ? — Je la possède. — Pourquoi donc ne t'en sers-tu pas ? Si elle remplit sa fonction, que veux-tu de plus ?

**14**

Tu es né partie du Tout. Tu disparaîtras dans l'être qui t'a engendré, ou plutôt tu rentreras, à la suite d'un changement, dans sa raison séminale.

### 15

Beaucoup de grains d'encens sont déposés sur le même autel ; l'un y tombe plus tôt, l'autre plus tard ; il n'y a là aucune différence.

### 16

Veux-tu qu'en dix jours ils te traitent de dieu, eux qui te regardent maintenant comme une bête sauvage, un singe ? reviens aux dogmes et au culte de la raison.

### 17

Ne fait pus comme si tu devais vivre dix mille ans. La nécessité esl suspendue au dessus de toi ; tant que tu vis, tant que tu le peux encore, sois un homme de bien

### 18

Que de temps gagne celui qui ne regarda pas ce que son voisin a dit, fait ou pensé, mais seulement ce qu'il fait lui-même, pour que son action soit juste et pure» ! Oui certes, voilà ce qui est bien : au lieu de chercher à voir autour de soi dans l'âme du prochain, courir en suivant la ligne droite, sans dévier.

### 19 et 20

Celui qu'exalte l'idée d'être célébré par la postérité ne se figure pas que chacun de ceux qui se souviendront de lui mourra lui-même bientôt, puis celui qui les remplacera, et ainsi de suite, jusqu'à ce que tout souvenir s'éteigne en passant par ces âmes d'hommes allumées puis éteintes. Suppose même que ceux qui se souviendront de toi soient immortels et qu'immortelle aussi soit ta mémoire, en quoi cela te touche-t-il ? Je ne dis pas seulement que cela ne peut être rien pour un mort ; mais qu'est-ce que la louange, même pour un vivant, à moins qu'il n'en compte tirer parti ? Pour elle, tu négliges bien à tort le don même que t'a fait la nature. Tu vas le voir en t'attachant à un autre argument.

Tout ce qui est beau de quelque façon que ce soit est beau par soi-même d'une beauté propre dans laquelle l'éloge qu'on en fait ne peut entrer comme une partie. Un objet ne devient donc ni meilleur ni pire par le fait d'être loué. Cette vérité s'applique même aux choses communément appelées belles, telles que les objets matériels, les œuvres d'art. En quoi donc la vraie beauté a-t-elle besoin d'être louée ? Pas plus que la loi, que la vérité, que la bonté, que la pudeur. Y a-t-il une seule de ces choses qui devienne belle parce qu'on la loue ? en est-ce fait d'elle parce qu'on la blâme ? L'émeraude perd-elle de sa valeur si on ne la loue pas ? Et l'or, [l'ivoire,] la pourpre, une lyre, un poignard, une fleur, un arbuste ?

### 21

Si les âmes survivent, comment l'air les contient-il [depuis] toujours ? — Mais comment la terre suffit-elle à contenir tant de cadavres qui y sont ensevelis depuis si longtemps ? De même qu'après une certaine durée dans la terre, le changement et la dissolution que subissent les corps font de la place à d'autres, de même les âmes, transportées dans les régions aériennes, après y avoir séjourné quelque temps, se transforment, se subtilisent, s'enflamment, pour retourner dans la raison séminale de l'univers, et laissent ainsi de la place à celles qui viennent habiter dans les mêmes lieux. Voilà ce qu'on pourrait répondre dans l'hypothèse de la survivance des âmes.

Il faut d'ailleurs considérer non seulement la multitude des corps ensevelis, mais encore celle des êtres vivants que nous mangeons et que mangent chaque jour les autres animaux. Quelle quantité d'êtres vivants disparaît ainsi, comme ensevelie dans le corps de ceux qui s'en nourrissent ! Et cependant ils y trouvent assez de place, grâce à leur transformation en sang, à leur métamorphose en vapeur ou en matière ignée.

Qui nous donne la vérité dans l'hypothèse susdite ? La division en matière et en principe efficient [et formel].

### 22

Ne te laisse pas étourdir ; mais que tout mouvement de ton

âme se traduise par une action juste et que toutes tes représentations laissent intacte la raison qui voit clair en elles.

### 23

Tout ce qui est avec toi en harmonie, ô monde, est aussi en harmonie avec moi. Rien de ce qui est opportun pour loi n'est pour moi prématuré ni tardif. Tout ce qu'apportent tes saisons est pour moi un fruit, ô nature. Tout vient de toi, tout est en toi, tout rentre en toi. Le poète dit : O cité chérie, cité de Cécrops ! Et toi, ne diras-tu pas : O cité chérie, cité de Zeus ?

### 24

Agis peu, dit le philosophe, si tu veux que ton âme soit contente. Ne vaut-il pas mieux dire : Fais ce qui est nécessaire, fais ce que prescrit la raison de l'être naturellement sociable, et comme elle le prescrit ? Ainsi l'on obtient à la fois le contentement de l'âme qui résulte des bonnes actions, et celui que l'on goûte à agir peu. Supprime, en effet, la plupart de tes paroles et de tes actes comme n'étant pas nécessaires, et tu auras moins d'affaires et plus de calme. Nous devons donc sans cesse nous répéter : « Peut-être ceci n'est-il pas nécessaires. » Nous devons nous interdire non seulement les actions, mais encore les idées qui ne sont pas nécessaires : car nous supprimerons du même coup les actions superflues qui les suivent.

### 25

Essaie de voir comment te réussit la vie d'un homme de bien, satisfait de la part que lui a attribuée l'univers et qui se contente d'agir pour son propre compte avec justice et d'être toujours dans des dispositions bienveillantes.

### 26

Tu as vu cela ? Vois maintenant ceci. Ne te trouble pas ; fais en sorte d'être simple. Un homme commet-il une faute ? C'est contre lui-même qu'il la commet. T'est-il arrivé quelque chose ? Ce quelque chose est bon, car dès l'origine cela avait été arrêté pour toi comme un effet des lois universelles qui déterminent chaque événement. En somme, la vie est courte : tire profit du moment présent par la réflexion et la justice. Sois sobre, mais sans exagération de rigueur.

### 27

Ou bien le monde est ordonné, ou bien c'est un chaos, confus il est vrai, monde cependant. Quoi ? En toi-même pourrait se constituer un certain ordre et il n'y aurait que désordre dans le tout ? Et cela quand toutes les choses sont à la fois si distinctes et si confondues et solidaires !

### 28

Caractère sombre, caractère efféminé, caractère dur, sauvage, puéril, bestial, lâche, faux, caractère de bouffon, de [petit] marchand, de tyran.

### 29

Étranger au monde est celui qui ne cherche pas à comprendre ce qu'il renferme, non moins étranger celui qui ne cherche pas à comprendre ce qu'il devient. C'est déserter que de vouloir échapper à la raison qui fonde la cité ; c'est être aveugle que d'avoir les yeux de l'esprit fermés, mendiant que d'avoir besoin d'un autre et de ne pas trouver en soi-même tout ce qui est utile à sa vie. C'est un abcès du monde, celui qui [fait sécession et] se sépare de la raison universelle de la naturel en se plaignant des événements qui lui arrivent ; cette nature, en effet, qui t'a apporté dans le monde, est aussi celle qui t'apporte ces événements. C'est un lambeau [détaché] de la cité, celui qui détache son âme de l'âme des êtres raisonnables, qui est une.

### 30

Tel vit en philosophe qui n'a pourtant pas de tunique, tel qui n'a pourtant pas de livre. Cet autre, à moitié nu, dit: « Je n'ai pas de pain, et je reste fidèle à mes principes; » moi, je n'ai pas la nourriture que l'on tire de la science et je reste aussi fidèle aux miens.

## 31

Cet art de vivre que tu as appris, aime-le ; et sur lui repose-toi ; passe le reste de ta vie comme si tu avais fait aux Dieux un abandon absolu de toi-même, sans vouloir te faire ni le tyran ni l'esclave d'aucun homme.

## 32

Examine, par exemple, le temps de Vespasien ; tu verras partout ceci : des gens qui se marient, élèvent des enfants, sont malades, meurent, guerroient, festoient, se livrent au commerce, labourent, sont flatteurs, orgueilleux, soupçonneux, fourbes, désirent la mort de tels autres, se plaignent du présent, font l'amour, thésaurisent, briguent le consulat et la royauté. Tous ces hommes sont morts et disparus. Passe au temps de Trajan ; tu verras encore les mêmes choses. Et ceux-là sont morts aussi. Considère également les autres époques, l'histoire de nations entières ; vois combien d'hommes après tant d'efforts sont bientôt tombés et se sont dissous dans les éléments des choses. Rappelle-toi surtout ceux que tu as connus toi-même, s'agitant vainement et négligeant de faire ce qui était conforme à leur propre constitution, de s'y tenir fortement et de s'en contenter. Il est nécessaire que ces exemples, à propos de chaque action, nous permettent de mesurer et nous rappellent ce que valent les soins que nous prenons d'elle. Le moyen [en effet] de n'avoir pas de dégoûts, c'est de ne pas s'appliquer plus qu'il ne convient aux petites choses.

## 33

Tels mots usités autrefois ont fini dans les dictionnaires d'archaïsmes ; de même les noms des hommes les plus célébrés autrefois sont devenus aussi des sortes d'archaïsmes : Camille, Céson, Volésus, Léonnat, bientôt après Scipion et Caton, puis Auguste, puis Hadrien et Antonin. Tous ces noms s'effacent très vite et se perdent dans la légende ; très vite même s'amoncelle sur eux l'oubli définitif. Et je parle ici des hommes qui ont jeté un éclat extraordinaire. Quant à tous les autres, à peine ont-ils exhalé leur dernier souffle, « qu'on ne les connaît plus, on n'en parle plus. » Et qu'est-ce même enfin que l'immortalité du souvenir ?

Rien que vanité. Quel est donc l'objet où nous devons porter nos soins ? Un seul : avoir les pensées d'un homme juste, agir pour le bien de tous et être incapables de mentir et disposés à accueillir tout ce qui nous arrive comme chose nécessaire, connue, découlant de la même origine et de la même source que nous.

## 34

Abandonne-toi sans réserve à Clotho ; laisse-la tresser le fil de ta vie avec les événements qu'elle voudra.

## 35

Tout est éphémère, ce qui perpétue le souvenir et ce dont le souvenir est perpétué.

## 36

Considère sans cesse que tout naît par suite d'un changement, et prends l'habitude de comprendre que la nature universelle n'aime rien tant que de changer ce qui est pour en faire des choses nouvelles [toutes] semblables. Tout ce qui existe est en quelque façon la semence de ce qui en doit sortir. Mais toi tu ne penses qu'aux semences qui tombent dans la terre ou dans la matrice : c'est par trop inintelligent.

## 37

Tu vas mourir, et tu n'es encore ni simple, ni calme, ni sûr que rien d'extérieur ne peut te nuire, ni bienveillant pour tout le monde, et tu ne fais pas encore consister la sagesse dans la pratique de la justice.

## 38

Examine leurs âmes et vois les sages, ce qu'ils évitent et ce qu'ils recherchent.

## 39

Ce n'est pas dans [le principe directeur de] l'âme d'autrui que réside ton mal ; ce n'est pas non plus dans une modification du corps qui t'enveloppe l'âme. Où donc est ce mal ? Là où réside la faculté que tu as de te faire une opinion sur les maux. Ne te fais pas cette opinion, et tout est bien. Quand même tout proche d'elle ton misérable corps serait coupé, brûlé, quand il tomberait en décomposition et en pourriture, que la partie de toi-même qui se forme une opinion là-dessus demeure tranquille, je veux dire qu'elle ne considère ni comme un mal ni comme un bien ce qui peut arriver également au bon et au méchant. Ce qui arrive également à l'homme qui vit contrairement à la nature, et à celui qui vit d'accord avec elle, n'est en effet ni conforme ni contraire à la nature.

### 40

Pense toujours à ceci : l'univers n'est qu'un seul être, n'ayant qu'une matière et qu'une âme ; toute sensation se ramène à sa sensibilité, qui est une ; tout acte est accompli par son activité, qui est une ; tout est la cause de tout ; les choses sont étroitement unies et ne forment qu'une trame.

### 41

Tu n'es qu'une âme chétive portant un cadavre, comme dit Épictète.

### 42

Les changements que subissent les êtres ne leur causent aucun mal, et ils n'éprouvent aucun bien du changement par lequel ils existent.

### 43

Le temps est un fleuve rapide dont les événements sont les flots ; à peine chacun d'eux apparaît-il qu'il est déjà emporté, puis un autre est emporté à son tour et le premier va revenir.

### 44

Tout ce qui arrive est aussi ordinaire et aussi connu que la rose au printemps et les fruits en été : par exemple, la maladie, la mort, la calomnie, la fourbe, et tout ce qui réjouit ou attriste les esprits faibles.

### 45

Tous les faits qui se succèdent sont la conséquence naturelle de ceux qui les ont précédés ; ils ne forment pas seulement une addition d'unités séparées les unes des autres et n'ayant pour raison d'être que leur nécessité ; ils sont reliés entre eux par une connexion logique. De même que ce qui existe a été disposé harmonieusement, de même, dans tout ce qui arrive, se manifeste non une simple succession, mais une admirable parenté.

### 46

Souviens-toi toujours de ce principe d'Héraclite : « La mort de la terre consiste à devenir de l'eau, celle de l'eau à devenir de l'air, celle de l'air à devenir du feu, et réciproquement. » Souviens-toi aussi de celui qui oublie où conduit la route. Rappelle-toi que les hommes sont en désaccord avec la raison qui gouverne l'univers, malgré les rapports constants qui les [y] unissent ; que les choses que nous rencontrons tous les jours nous paraissent étrangères. Nous ne devons ni agir ni parler comme en dormant, car dans le sommeil [aussi] il nous semble que nous agissons et que nous parlons ; ni comme les pédagogues qui se bornent à dire : bref, c'est la tradition.

### 47

Si un Dieu te disait que tu mourras demain, ou au plus tard dans deux jours, tu n'attacherais pas beaucoup d'importance à mourir dans deux jours plutôt que demain, à moins que tu ne fusses au dernier degré de la lâcheté ; quelle différence y a-t-il, en effet, entre ces deux termes ? Pense de même que c'est peu de chose que de vivre pendant un grand nombre d'années plutôt que jusqu'à demain.

### 48

Considère sans cesse combien de médecins sont morts, qui

avaient souvent froncé les sourcils à la vue des malades ; combien de savants qui croyaient avoir fait un bel exploit en prédisant la mort des autres ; combien de philosophes qui avaient indéfiniment discuté sur la mort ou l'immortalité ; combien de chefs qui avaient tué beaucoup de gens ; combien de tyrans qui, avec une singulière arrogance, et comme s'ils étaient immortels, avaient usé du droit qu'ils s'étaient arrogé sur la vie des autres ; combien de villes sont pour ainsi dire mortes tout entières : Héliké, Pompéi, Herculanum et d'autres en quantité. Rappelle-toi tous ceux que tu as vus mourir l'un après l'autre. Celui-ci après avoir rendu les derniers devoirs à celui-là, et celui-là à un troisième, ont été couchés par la mort, et tout cela en peu de temps. En résumé, ne cesse pas d'avoir devant les yeux combien les choses humaines sont éphémères et de peu de prix ; hier un peu de glaire, l'homme demain sera une momie ou de la cendre. Passons donc conformément à la nature ce temps imperceptible de notre vie, et détachons-nous d'elle avec sérénité, comme une olive mûre, qui tomberait en louant la terre qui l'a nourrie, et en remerciant l'arbre son père.

### 49

Il faut être semblable au promontoire contre lequel se brisent sans cesse les flots : il tient bon, et autour de lui s'apaise le gonflement de la mer.

Je suis malheureux parce que telle chose m'est arrivée. — Ne dis pas cela, dis : je suis heureux parce que, telle chose m'étant arrivée, je n'en ressens aucun chagrin ; je ne suis ni blessé par le présent ni effrayé par l'avenir. Un accident semblable pouvait arriver à tout le monde, mais tout le monde n'était pas capable de le supporter sans chagrin. Pourquoi donc en cet accident voir un malheur plutôt qu'un bonheur dans la manière de le supporter ? Appelles-tu un malheur pour l'homme ce qui n'est pas un échec de la nature humaine ? Et peux-tu regarder comme un échec de la nature humaine ce qui ne se produit pas contre sa volonté ? Eh quoi ! tu connais cette volonté. Est-ce que cet accident t'empêche d'être juste, magnanime, tempérant, sage, réfléchi, sincère, réservé, [libre de passions], et d'avoir les autres qualités dont la présence assure à la nature humaine ce qui lui est propre ? Désormais, à propos de tout ce qui pourrait te chagriner, rappelle-toi le dogme : cet accident n'est pas un malheur, mais c'est un bonheur que de le supporter avec courage.

### 50

C'est un secours peu digne d'un philosophe, mais utile cependant pour nous amener à mépriser la mort, que de nous rappeler ceux qui se sont attachés avec obstination à la vie. Qu'ont-ils eu de plus que ceux qui sont morts prématurément ? Ils gisent quelque part, disparus à jamais, Cédicianus, Fabius, Julianus, Lépide, et tous ceux qui, après avoir conduit beaucoup d'hommes au tombeau, y ont été conduits eux-mêmes. En somme, la différence est petite, et, cette vie, à travers combien de souffrances faut-il la supporter, et dans quelles compagnies, et avec quel corps misérable ! Ce n'est donc pas une affaire Regarde derrière toi l'abîme du temps et devant toi un autre infini. Quelle différence y a-t-il alors entre celui qui est âgé de trois jours et celui qui a trois fois l'âge de Nestor ?

### 51

Va toujours suivant le plus court chemin ; le plus court chemin est de suivre la nature. Agis et parle toujours de la manière la plus saine. Voilà le plan de conduite qui t'affranchira des peines, des combats, de toute politique et de toute recherche.

## LIVRE V

Le matin, quand tu as de la peine à te réveiller, aie cette pensée présente à l'esprit : je m'éveille pour faire œuvre d'homme ; m'irriterai-je encore à l'idée d'aller faire ce pour quoi je suis né, et pour quoi j'ai été mis dans le monde ? ou bien ai-je été créé pour jouir de la chaleur, couché dans mes couvertures ? — Mais c'est plus agréable. — Es-tu donc né pour ce qui est agréable ? Pour tout dire, es-tu un être passif, ou fait pour l'action ? Ne vois-tu pas les plantes, les petits oiseaux, les fourmis, les araignées, les abeilles faire leur travail et, à leur manière, contribuer à l'œuvre d'où sort le monde ? Et après cela tu refuses, toi, de faire ce qui est l'œuvre de l'homme ? Tu ne te hâtes pas vers l'action conforme à ta nature ? — Mais il faut aussi se reposer. — D'accord : cependant la nature a déterminé la mesure du repos, comme elle a déterminé celle du boire et du manger. Néanmoins, ne dépasses tu pas cette mesure, ne vas-tu pas au delà du nécessaire ? Pourquoi dans tes actions n'en est-il plus de même, mais restes tu en deçà de tes forces ? C'est que tu ne t'aimes pas toi-même, sinon tu aimerais aussi ta nature et ce qu'elle t'ordonne. D'autres hommes ont aimé leur métier au point de se consumer au travail, ne prenant le temps ni de se baigner ni de manger ; toi, tu estimes ta nature moins qu'un ciseleur l'art de ciseler, ou un danseur la danse, ou un avare l'argent, ou un sot ambitieux la vaine gloire. Ceux-ci, quand ils sont possédés par leur passion, sacrifient le manger et le dormir au profit de la chose qui les touche ; est-ce que les actions qui ont pour objet le bien de tous te paraissent avoir moins de prix et mériter moins de zèle ?

## 2

Il est [bien] facile d'écarter et d'effacer toute représentation gênante, déplacée, et d'être aussitôt dans un calme parfait.

## 3

Estime-toi digne de dire et de faire tout ce qui est conforme à la nature ; si, après cela, quelqu'un te blâme et t'injurie, ne te laisse pas détourner ; ne te prive pas, comme si tu en étais indigne, de dire et de faire ce qui te paraît beau. Les autres ont leur propre principe dirigeant et suivent leurs propres impulsions : n'y fais pas attention, va tout droit, suis à la fois ta nature propre et la nature commune à tous ; toutes les deux n'ont qu'un chemin.

## 4

Je marche suivant les desseins de la nature, jusqu'à ce que je tombe et me repose après avoir exhalé mon dernier soupir dans cet air que je respire chaque jour ; jusqu'à ce que je tombe sur le sol où mon père a puisé la semence de mon être, ma mère mon sang, et ma nourrice son lait, ce sol qui m'alimente et m'abreuve chaque jour depuis tant d'années, qui porte mes pas, et dont pour tant de choses je ne cesse d'abuser.

## 5

On ne peut pas t'admirer pour ta finesse. Soit. Mais il y a bien d'autres choses à propos desquelles tu ne peux pas dire : « Je ne suis pas fait pour cela. » Montre-nous donc ces vertus qui dépendent entièrement de toi : la sincérité, le sérieux, la résistance à la fatigue, l'austérité, la résignation à la destinée, la frugalité, la bienveillance, la liberté de l'âme, la simplicité, la discrétion, la générosité. Ne vois-tu pas combien de qualités tu pourrais montrer dès maintenant, dont aucune incapacité naturelle ou inaptitude ne saurait excuser le manque ? Et cependant tu te contentes de ton infériorité. Es-tu donc obligé, sous prétexte que tu es mal doué, à murmurer, à être avare, à flatter, à accuser ton corps, à chercher à plaire, à être frivole, à porter une âme toujours inquiète ? Non, par les Dieux ! Il y a longtemps que tu aurais pu être délivré de ces défauts. Tu n'aurais d'excuse à donner que pour la lenteur d'esprit et l'inintelligence dont on te pourrait convaincre ; encore faudrait-il, au lieu de te laisser aller et de te complaire à ce défaut, t'exercer à l'atténuer.

### 6

Celui-ci, quand il a heureusement agi pour quelqu'un, s'empresse de lui porter en compte le service rendu. Celui-là n'a pas le même empressement, mais en lui-même il considère son obligé comme son débiteur, et il sait fort bien ce qu'il a fait. Cet autre enfin ne sait même pas, pour ainsi dire, ce qu'il a fait. Il ressemble à la vigne qui porte sa grappe, et qui, après avoir produit son fruit, ne cherche pas autre chose ; tel encore le cheval après avoir couru, le chien après avoir suivi la piste, l'abeille après avoir fait du miel. Cet homme après avoir rendu un service ne s'en vante pas, mais se prépare à en rendre un autre, de même qu'une vigne s'apprête à porter encore une grappe à la saison. — Faut-il donc être de ces gens qui rendent service pour ainsi dire sans le comprendre ? — Assurément. — Cependant, il faut bien le comprendre, car c'est, dit-on, le propre de l'être sociable de sentir qu'il agit pour le bien de tous, et, par Zeus, de vouloir que ses associés le sentent aussi. — Ce que tu dis est vrai ; mais tu interprètes mal mes paroles. Aussi seras-tu de ceux que je nommais en premier lieu ; eux aussi sont égarés par une vraisemblance logique. Si tu veux bien comprendre mes paroles, il n'y a pas de danger qu'elles te fassent négliger d'agir pour le bien de la société.

### 7

Prière des Athéniens : « Pleus, pleus, ô Zeus, sur les champs et sur les plaines d'Athènes ! » Ou il ne faut pas prier, ou il faut prier ainsi, simplement et libéralement.

### 8

De même qu'on dit : « Esculape a prescrit à ce malade de

monter à cheval, ou de prendre des bains froids, ou de marcher pieds nus ; » on peut dire de même : « la nature universelle a prescrit à cet homme la maladie, l'infirmité, les deuils, ou quelque chose d'analogue. » Dans le premier cas, le mot « a prescrit » signifie à peu près « a ordonné » comme une condition de la santé, et dans le second chaque occurrence est ordonnée pour chaque homme comme une condition de la destinée. Ne disons-nous pas aussi que telles « rencontres » se produisent pour nous, comme, à propos des pierres de taille qui composent les murs et les pyramides, les architectes, en les adaptant les unes aux autres selon certaines symétries, disent qu'elles se « rencontrent » ? C'est qu'en somme il n'y a partout qu'une harmonie. Et de même que l'univers, ce corps immense, est composé de tous les corps, de même la destinée, cette suprême cause, est formée de toutes les causes particulières. Les esprits les plus simples ne pensent pas autrement ; ils disent en effet : « Voilà ce que lui apportait le sort. » Oui, telle chose était apportée, telle chose ordonnée à cet homme. Acceptons donc les événements comme nous acceptons les prescriptions d'Esculape. Beaucoup de ces prescriptions sont bien dures ; et cependant nous les accueillons avec joie, dans l'espérance de la santé. Que l'accomplissement parfait des décrets de la nature universelle te paraisse quelque chose de semblable à ta santé. Accueille avec joie tout événement, lors même qu'il te semble pénible, parce qu'il conduit à la santé du monde, qu'il contribue au succès des desseins de Zeus. Zeus n'aurait pas « apporté » cet événement à cet homme, s'il n'avait « importé » à l'ensemble des choses. Une nature donnée n'apporte non plus à l'être qu'elle gouverne rien qui ne lui convienne. Tu dois donc, pour deux raisons, aimer ce qui t'arrive : d'abord, parce que cela s'est produit pour toi, a été ordonné pour toi, et, inséré dans la trame des causes les plus lointaines, devait avoir avec toi un rapport déterminé[1] ; ensuite, parce que ce qui survient à chacun est pour celui qui gouverne l'univers la cause de son succès, de sa perfection et, par Zeus, de sa durée elle-même. L'intégrité des causes est altérée comme le serait celle des parties d'un tout si l'on porte atteinte à leur agencement et à leur continuité. En te plaignant d'elles, tu leur portes atteinte autant qu'il est en toi, et, dans une certaine mesure, tu les détruis.

## 9

Ne te dégoûte point, ne renonce point, ne te décourage point, si tu ne réussis pas toujours à diriger tes actes d'après les vrais dogmes. Après en avoir été violemment écarté, reviens-y, et réjouis-toi si tes actions ont été le plus souvent celles d'un homme : aime la règle à laquelle tu reviens ; ne retourne pas à la philosophie comme un écolier chez le pédagogue, mais comme les gens affligés d'une ophtalmie recourent à leur éponge, à leur blanc d'œuf, d'autres à leurs emplâtres ou à leurs lotions. Ainsi, tu montreras qu'il ne t'en coûte rien d'obéir à la raison ; au contraire, tu te reposeras sur elle. Souviens-toi que la philosophie ne veut que ce que veut ta nature ; mais toi, tu voulais autre chose qui n'était pas conforme à la nature. [Tu dis :] Lequel des deux est le plus doux ? — Mais n'est-ce pas par là que le plaisir nous égare ! Regarde, d'ailleurs, si la grandeur d'âme, la vraie liberté, la simplicité, la bonté, la pureté ne sont pas plus douces. Qu'y a-t-il enfin de plus doux que la sagesse, si l'on considère combien est infaillible et libre en toutes ses démarches la faculté de comprendre et de savoir ?

## 10

Les choses sont comme enveloppées d'un voile si obscur que beaucoup de philosophes, et non des premiers venus, ont jugé qu'elles étaient tout à fait inintelligibles. Les Stoïciens eux-mêmes les considèrent comme difficiles à comprendre : d'ailleurs, notre assentiment aux représentations sensibles n'est jamais sûr. Quel est, en effet, l'homme qui ne change pas d'opinion ? Tourne-toi maintenant vers les objets mêmes de ta perception. Comme ils sont éphémères, insignifiants, exposés à tomber au pouvoir d'un débauché, d'une courtisane d'un voleur ! Après cela, considère les caractères de ceux au milieu de qui tu vis. Le plus sage peut à peine les supporter : je n'ajoute pas que personne ne se supporte soi-même qu'avec peine. Au milieu de ces ténèbres, de cette laideur, dans cet écoulement de la matière, du temps, du mouvement et des choses mues, je ne vois rien pour quoi nous puissions avoir de l'estime et un véritable attachement. Consolons-nous, au contraire, en attendant la dissolution naturelle, et pour ne pas nous tourmenter de cette attente, reposons-nous sur les vérités suivantes : d'abord, rien ne m'arrivera qui ne soit conforme à la nature universelle ; en second lieu, j'ai la liberté de ne jamais agir contrairement à mon Dieu et à mon génie. Personne ne pourra me contraindre à lui désobéir.

## 11

Quel est donc l'usage que je fais [aujourd'hui] de mon âme ? Pose-toi cette question à chaque occasion, demande-toi : que se passe-t-il dans cette partie de moi-même qu'on appelle le principe directeur ? De qui ai-je maintenant l'âme ? d'un enfant ? d'un jeune homme ? d'une femme ? d'un tyran ? d'une bête domestique ? d'une bête sauvage ?

## 12

Ce qui suit te montrera la valeur de ce que la plupart des hommes considèrent comme des biens. Si nous pensions à certains biens réels et véritables, comme la prudence, la tempérance, la justice, le courage, après les avoir ainsi envisagés, nous ne pourrions pas entendre le mot du poète: « Tu possèdes tant de biens... » parce que ce mot ne conviendrait pas du tout. Mais si l'on a dans l'esprit les biens qui paraissent tels au plus grand nombre, on écoute ces paroles du poète comique et on n'a pas de peine à les accepter comme bien appropriées. Le vulgaire même sent bien cette différence : sans cela il ne serait pas choqué de la première application et ne la repousserait pas. Au contraire, s'il s'agit de la richesse et de toutes les chances heureuses du luxe et de la gloire, nous acceptons comme juste et spirituel le propos du poète. Poursuis donc et demande-toi s'il faut honorer et regarder comme des biens des objets tels qu'en y pensant on puisse dire de leur propriétaire : « Il est si riche qu'il ne lui reste pas un coin pour se soulager. »

## 13

Je suis constitué de principe efficient et de matière ; ni l'un ni l'autre ne disparaîtront dans le néant, pas plus qu'ils ne sont sortis de rien. Chaque partie de moi [aura donc toujours sa place assignée ; elle] sera changée en une partie de l'univers ; celle-ci, à son tour, se changera en une autre partie de l'univers, et ainsi de suite, à l'infini. C'est par un changement semblable que je suis né moi-même, et ceux qui m'ont engendré, et ainsi de suite, en remontant encore à l'infini. Rien n'empêche de parler ainsi, même si l'on conçoit l'univers gouverné de telle sorte qu'il passe par des périodes limitées.

## 14

La raison et l'art de raisonner sont des puissances qui se suffisent à elles-mêmes et qui suffisent aux actions qui les concernent. Elles partent du principe qui leur est propre et marchent vers la fin qu''elles se sont proposée. Aussi appelle-t-on ces actions « actions droites », pour indiquer qu'elles suivent la ligne droite.

## 15

Il ne faut considérer comme humaine aucune des choses qui n'appartiennent pas à l'homme en tant qu'homme. Ce ne sont pas là des choses que l'on puisse réclamer de l'homme ; la nature humaine ne les promet point et ne s'achève point en elles. La fin de l'homme n'est point dans ces choses, non plus que l'objet dernier de cette fin, le bien. D'ailleurs, si quelques-unes d'entre elles appartenaient à l'homme, il ne nous appartiendrait pas de les mépriser et de nous tenir en garde contre elles ; il n'y aurait pas lieu de louer celui qui sait s'en passer ; enfin, si elles étaient des biens, celui qui cherche à se priver de leur possession ne serait pas un homme de bien. Au contraire, nous disons que plus un homme se dépouille de ces choses ou d'autres choses semblables, ou même plus il supporte facilement d'en être dépouillé, plus il est un homme de bien.

## 16

Telles sont tes représentations ordinaires, telle sera ta pensée même ; notre âme est tout imprégnée de nos représentations sensibles. Plonge-la donc sans cesse dans des idées comme celles-ci : là où l'on peut vivre, on peut bien vivre ; on peut vivre à la cour, donc on peut bien vivre à la cour. Et encore : chaque être se porte vers ce pour quoi il a été constitué ; sa fin est dans ce vers quoi il se porte ; là où est sa fin, là est son intérêt et son bien; donc le bien de l'animal raisonnable, c'est la société. J'ai, en effet, montré déjà que nous étions nés pour nous associer. N'est-il pas évident que les êtres inférieurs sont faits pour les supérieurs, et les supérieurs les uns pour les autres ? Or, les êtres vivants sont supérieurs à ce qui est inanimé et les êtres raisonnables aux êtres vivants.

## 17

Poursuivre l'impossible est une folie ; or, il est impossible que les méchants n'agissent pas comme tels.

## 18

Rien n'arrive à personne que la nature ne l'ait mis à même de supporter. Les mêmes accidents arrivent à tel autre qui, soit qu'il ne s'en rende pas compte, soit qu'il veuille faire montre de grandeur d'âme, tient ferme et demeure invulnérable. N'est-il pas étrange que l'ignorance et la vanité soient plus énergiques que la sagesse ?

## 19

Les choses elles-mêmes n'atteignent pas le moins du monde l'âme ; elles n'ont pas d'accès jusqu'à elle ; elles ne peuvent ni la changer ni l'émouvoir ; seule elle se modifie et s'émeut elle-même ; c'est elle qui confère aux accidents extérieurs un caractère en conformité avec le jugement qu'elle porte sur elle-même.

## 20

A un certain point de vue, les hommes nous touchent de très près, en tant que nous devons leur faire du bien et les supporter ; mais en tant que certains d'entre eux s'opposent à notre œuvre propre, les hommes entrent pour nous dans la catégorie des choses indifférentes, tout autant que le soleil, le vent ou une bête sauvage. Ces objets seraient de nature à entraver notre action ; mais la tendance et la disposition intérieure ne sont empêchées par aucun obstacle, parce que nous faisons nos réserves et changeons d'objet : la pensée détourne et transforme, en se les assignant comme un but, les obstacles mêmes que l'action rencontre ; ce qui nous empêche d'agir nous devient le motif de notre action, et ce qui nous barre la route devient ce vers quoi nous marchons.

### 21

Honore ce qu'il y a de meilleur dans l'univers, c'est-à-dire ce qui se sert de tout et dirige tout. Honore de même ce qu'il y a de meilleur en toi, et qui est parent de l'autre. Chez toi, en effet, c'est ce qui se sert de tout le reste et gouverne ta vie.

### 22

Ce qui ne nuit pas à la cité ne nuit pas non plus au citoyen. Dès que tu auras l'idée d'avoir éprouvé un dommage, aie recours à celte règle : si telle chose ne nuit pas à la cité, elle ne me nuit pas non plus à moi-même ; si au contraire la cité en éprouve un dommage, je ne dois pas m'irriter contre celui qui l'a causé, mais lui montrer son erreur.

### 23

Réfléchis souvent à la rapidité avec laquelle est emporté et passe tout ce qui existe et tout ce qui naît. La matière est comme un fleuve qui coule sans cesse ; un changement continu est la loi de toute activité ; tout principe efficient est sujet à mille variations. Presque rien n'est stable, et tout proche est le gouffre béant, l'infini du passé et de l'avenir où tout s'évanouit. N'est-il donc pas un fou, celui qui, au milieu de tout cela, s'enfle, ou s'agite, ou se tourmente en comptant pour quelque chose la cause de son trouble, le moment où il l'a conçu et le temps qu'il peut durer ?

### 24

Pense à la matière totale, dont tu as reçu une parcelle ; à la durée tout entière, dont un court et un imperceptible intervalle t'a été attribué ; à la destinée dont tu es une partie, combien petite !

### 25

Un autre se rend-il coupable en vers moi ? C'est son affaire ; il a sa disposition propre, sa propre activité. Moi je suis maintenant ce que la nature universelle veut que maintenant je sois, je fais ce que ma nature veut que je fasse [maintenant].

### 26

Que la partie de toi-même qui dirige et gouverne ton âme demeure inébranlable aux mouvements de la chair, doux ou rudes ; qu'elle évite toute confusion, s'enferme dans ses propres limites et circonscrive dans les membres l'ébranlement qu'ils subissent. Lorsque, en raison de la sympathie (je prends ce mot dans l'autre sens) qui résulte de son union avec le corps ainsi agité, la pensée perçoit ces mouvements. il ne faut pas essayer de s'opposer à la sensation1, qui est naturelle, mais il ne faut pas non plus que le principe directeur y ajoute de lui-même ce jugement qu'elle est un mal ou un bien.

### 27

Vivre avec les Dieux. Celui-là vit avec les Dieux qui leur montre constamment son âme satisfaite de ce qui lui a été attribué, faisant ce que veut le génie que Zeus a détaché de lui-même et donné à chacun pour chef et pour guide. Ce génie, c'est l'intelligence et la raison de chacun de nous.

### 28

Te fâches-tu contre celui qui sent le bouc ? Te fâches-tu contre celui qui a une haleine fétide ? Qu'y peut-il faire ? Sa bouche, ses aisselles sont ainsi et telles qu'il faut bien qu'il en sorte de telles émanations. Mais la nature a donné à l'homme une raison ; en s'examinant, il peut comprendre ses défauts. Tant mieux ! toi aussi tu as une raison ; par ta disposition raisonnable, mets en mouvement sa disposition raisonnable ; montre-lui, rappelle-lui sa fautes. S'il te comprend, tu le guériras ; la colère est inutile.

### 28 b

Ni tragédien ni courtisane.

### 29

Tu peux vivre sur la terre comme tu as l'intention de vivre quand tu seras parti. Si on ne te le permet pas, alors renonce à vivre et fais-le en homme pour qui ce n'est pas un mal. « Il y a de la fumée ici, et je m'en vais. » Crois-tu que ce soit une affaire ? Mais, tant que rien ne me chasse, je reste libre, et personne ne m'empêchera de faire ce que je veux ; or, je veux ce qui est conforme à la nature d'un être raisonnable et fait pour la société.

### 30

L'intelligence universelle veut la solidarité universelle ; elle a créé les êtres inférieurs pour les supérieurs, et elle a uni les supérieurs les uns aux autres par une mutuelle harmonie. Tu vois comme elle a tout coordonné et subordonné, faisant à chacun sa part suivant sa valeur et amenant les êtres supérieurs à s'accorder entre eux.

### 31

Demande-toi comment tu t'es conduit jusqu'ici avec les Dieux, avec les parents, tes frères, ta femme, tes enfants, tes maîtres, tes nourriciers, tes amis, tes proches, tes serviteurs. As-tu, jusqu'ici, observé à leur égard ce précepte : « Ne rien faire ni dire d'injuste à personne » ? Rappelle-toi aussi quels événements tu as traversés et quelles épreuves tu as réussi à supporter. Maintenant que l histoire de ta vie est achevée et que ta liturgie est accomplie, combien as-tu vu de belles actions ? combien de plaisirs et de peines as-tu méprisés ? combien d'honneurs as-tu dédaignés ? pour combien d'ingrats t'es-tu montré bienveillant ?

### 32

Pourquoi des âmes simples et ignorantes confondent-elles une âme d'homme habile et savant ? Qu'est-ce donc qu'être habile et savant ? C'est connaître l'origine et la fin des choses et la raison qui pénètre la matière tout entière et qui, à travers la durée tout entière, gouverne le monde et détermine les périodes de son histoire.

## 33

A l'instant même tu seras de la cendre, un squelette, un nom, moins qu'un nom ; or, un nom n'est qu'un bruit, un écho. Ce qu'on honore le plus dans la vie est vide, pourri, petit ; ce sont morsures de petits chiens et querelles d'enfants qui rient et pleurent aussitôt. La foi, la pudeur, la justice et la vérité sont « parties vers l'Olympe, loin de la vaste terre ». Qu'est-ce qui te retient donc encore ici ? Les choses sensibles sont changeantes et ne durent pas ; tes sens sont faibles et faciles à égarer ; ta pauvre âme elle-même n'est qu'une exhalaison du sang. Avoir de la renommée auprès d'êtres ainsi faits n'est que vanité. Eh bien ! attends avec sérénité ou de t'éteindre ou de changer de place. Et, jusqu'à ce que l'heure en soit venue, que te faut-il ? Rien qu'honorer et louer les Dieux, faire du bien aux hommes, supporter et t'abstenir, te souvenir que tout ce qui est en dehors des limites de ton petit amas de chair et de ton faible souffle n'est pas à toi et ne dépend pas de toi.

## 34

Tu peux toujours couler une vie heureuse puisque tu peux suivre le droit chemin en le faisant suivre à tes pensées et à tes actions. L'âme de Dieu et celle de l'homme ou de tout être raisonnable ont deux points communs : n'être entravée par rien d'étranger, faire consister le bien dans la disposition à la justice et la pratique de cette vertu et borner là ses désirs.

## 35

Pourquoi me préoccuper de ce qui n'est ni un vice de ma nature ni un acte de ma nature vicieuse, et ne fait aucun tort à la cité universelle ? Mais qu'est-ce qui fait du tort à la cité universelle ?

## 36

Ne nous laissons pas entraîner témérairement par notre imagination, mais venons en aide à nous-mêmes, comme nous le pouvons, et suivant la valeur des choses. Si l'on échoue dans des affaires indifférentes, il ne faut pas s'imaginer que cela nous fasse du tort. Car ce n'est pas un mal. Rappelle-toi le vieillard qui, en s'en allant, priait son élève de lui donner sa toupie, sachant bien que ce n'était qu'une toupie. Fais maintenant comme lui, puisque tu désires les choses qui brillent et que l'on célèbre. Homme, as-tu oublié ce que valait cette gloire ? — Non, mais tout le monde autour de moi la recherche. — Est-ce une raison pour que tu deviennes fou toi aussi ? — Du moins, en quelque lieu que la mort me prenne, j'ai été un homme bien partagé. — Être bien partagé, cela signifie que tu t'es fait à toi-même une bonne part. Et la bonne part, ce sont de bonnes habitudes de l'âme, de bonnes tendances, de bonnes actions.

## LIVRE VI

La matière de l'univers est docile et ductile ; mais la raison qui la gouverne n'a en elle aucun motif de faire du mal ; elle n'a aucune malice, ne fait de mal à rien et rien ne reçoit d'elle aucun tort. Or, c'est par elle que tout se produit et s'achève.

### 2

Qu'importe, quand tu fais ton devoir, d'avoir chaud ou froid, d'avoir sommeil ou d'avoir assez dormi, d'être blâmé ou loué, de mourir ou d'accomplir toute autre action ? Car au nombre des actes de la vie est aussi celui par lequel nous mourons ; là, comme ailleurs, il suffit de bien employer le moment présent.

### 3

Regarde au fond des choses; ne te laisse tromper ni sur la qualité propre d'aucune d'elles ni sur sa valeur.

### 4

Tous les objets changeront vite : ils s'évanouiront [en fumée], si la matière est une ; sinon, se disperseront.

### 5

La raison qui gouverne le monde sait ce qu'elle est, ce qu'elle fait et sur quelle matière elle agit.

### 6

La meilleure manière de le défendre est de ne pas leur ressembler.

### 7

N'aie qu'une joie et qu'un appui: passer d'une action utile à la société à une autre action utile à la société, en pensant à Dieu.

### 8

Le principe dirigeant en chacun de nous est ce qui s'éveille et se conduit soi-même, se fait tel qu'il est et veut être, et fait que tous les événements qui lui arrivent lui paraissent tels qu'il veut qu'ils soient.

### 9

Tout s'accomplit suivant la nature universelle et non suivant une autre nature quelconque, enveloppe extérieure de celle-ci, ou comprise dans celle-ci, ou suspendue en dehors d'elle.

### 10

Ou confusion, enchevêtrement et dispersion, ou unité, ordre et Providence. Dans le premier cas, pourquoi désirerais-je m'attarder dans un pareil désordre, produit du hasard ? Quel autre souci aurais-je que de savoir « comment un jour je deviendrai de la terre» ? Pourquoi me troubler ? Quoi que je fasse, le moment de la dispersion viendra pour moi. — Mais, dans l'autre cas, je vénère l'ordre des choses, je demeure ferme et plein de confiance dans celui qui le dirige.

## 11

Quand tu ne peux empêcher les choses qui t'entourent de rompre pour ainsi dire le rythme de ta vie morale, rentre vite en toi-même et ne te laisse pas pousser hors de la mesure plus qu'il n'est nécessaire ; tu seras plus maître de conserver l'harmonie intérieure si tu ne cesses pas d'y revenir.

## 12

Si tu avais à la fois ta belle-mère et ta mère, tu aurais des soins pour la première, mais tu reviendrais sans cesse à ta mère. Voilà ce que sont pour toi la cour et la philosophie ; reviens fréquemment à cette dernière et repose-toi sur elle ; c'est par elle que la cour te paraît supportable et te supporte.

## 13

A propos des mets [préparés au feu] et de tous nos aliments, nous nous faisons une idée de ce qu'ils sont : ceci, par exemple, est le cadavre d'un poisson, cela le cadavre d'un oiseau ou d'un porc ; pareillement, le phalerne est le jus d'un raisin, ou bien la robe prétexte est faite des poils d'une brebis teints dans le sang d'un coquillage ; ou encore l'acte sexuel n'est que le frottement d'un nerf et l'éjaculation d'une glaire accompagnée d'un certain spasme. Toutes ces idées atteignent le fond des choses et les pénètrent au point que nous en distinguons la vraie nature. Agissons ainsi pendant toute notre vie, et quand nous nous faisons des choses l'idée la plus favorable, mettons-les à nu, voyons le peu qu'elles sont et détruisons la légende qui assure leur prestige. L'orgueil est un dangereux sophiste ; c'est quand vous croyez vous attacher aux objets les plus dignes d'attention qu'il déploie le plus son charlatanisme. Voyez donc ce que Cratès dit de Xénocrate lui-même.

## 14

La plupart des objets que le vulgaire admire rentrent dans la catégorie la plus générale, celle des choses qui ne sont que par une simple qualité première ou nature, comme des pierres, du bois, des figuiers, des vignes, des oliviers ; les gens un peu plus sensés s'attachent plutôt aux êtres doués d'une âme vivante, comme les troupeaux, le gros bétail ; les hommes encore plus entendus préfèrent les êtres pourvus d'une âme raisonnable, mais dont la raison indifférente à ce qui est universel se distingue par l'habileté techniques ou [par toute autre adresse], ou simplement par le fait de posséder beaucoup d'esclaves. Mais celui qui estime l'âme raisonnable, celle qui embrasse l'univers et la société universelle, ne se tourne vers aucun autre objet ; il s'applique à conserver son âme en état de se mouvoir et de se retenir suivant la raison et les lois de la solidarité ; il agit d'accord avec tout ce qui est né comme lui pour cette fin.

### 15

Les choses se hâtent, les unes d'être, les autres de n'être plus ; à mesure qu'une chose devient, une partie d'elle-même a déjà disparu ; le monde se renouvelle par un écoulement perpétuel et de perpétuels changements ; le cours ininterrompu du temps renouvelle toujours la durée infinie. Emportés par le fleuve sans pouvoir nous y arrêter jamais, est-il possible qu'un de nous s'attache à l'une de ces choses qui fuient le long des rives ? C'est comme si nous nous mettions à aimer l'un de ces moineaux qui passent en volant auprès de nous; déjà il a disparu loin de nos regards. Cette vie même de chacun de nous n'est rien qu'exhalaison du sang et aspiration d'air. [Car] en quoi diffère de la simple aspiration et expiration de l'air, que nous recommençons à chaque instant, le fait de rendre une fois pour toutes, là où nous l'avons prise, cette faculté de respirer que nous avons reçue hier ou avant-hier, en naissant ?

### 16

Ce n'est pas de transpirer comme les plantes qui a de la valeur, ni de respirer comme les animaux domestiques ou sauvages, ni de recevoir la représentation par empreinte, ni d'être tiré par le désir comme une marionnette, ni de se rassembler en troupeau, ni de se nourrir. Ces faits sont du même ordre que d'éliminer les produits de la digestion. Qu'est-ce qui a donc de la valeur ? Est-ce le bruit des applaudissements ? Nullement. Ce n'est donc pas non plus le bruit qu'on fait en parlant de nous, car les louanges de la multitude ne sont qu'un bruit de langues.

Ainsi, voilà la gloriole mise à son tour de côté. Que reste-t-il qui ait de la valeur ? A mon avis, c'est de se mouvoir et de s'arrêter selon sa propre constitution ; ce qui est aussi le but de toute étude et de tout art. Un art quelconque, en effet, s'efforce de mettre tel être ou tel objet en état de remplir l'office pour lequel il est constitué. C'est ce que cherchent les vignerons en cultivant la vigne, et celui qui dompte les chevaux, et celui qui dresse les chiens. C'est aussi le but de l'éducation et de l'enseignement. Voilà ce qui a de la valeur. Si ce but est atteint, tu ne chercheras à te procurer rien de plus. Ne cesseras-tu donc pas de donner du prix à beaucoup d'autres choses? Tu ne seras donc ni libre, ni autonome, ni exempt de passions. Fatalement, en effet, chacun envie, jalouse et soupçonne ceux qui peuvent lui enlever ces autres biens ; chacun tend des pièges à qui possède ce qu'il considère comme ayant du prix; fatalement, la privation de ces biens nous trouble et nous ne cessons d'en faire des reproches aux Dieux [mêmes]. Au contraire, si tu respectes et si tu honores ta propre intelligence, tu seras content de toi-même, tu te sentiras en harmonie avec les hommes et d'accord avec les Dieux, je veux dire que tu les loueras de tout ce qu'ils t'accordent et de tout ce qu'ils ont ordonné.

### 17

Les éléments sont emportés en haut, en bas, en cercle. Le mouvement de la vertu n'a aucune de ces directions ; c'est quelque chose de plus divin ; suivant une route difficile à découvrir, elle s'avance et atteint son but.

### 18

Singulière façon d'agir ! Les hommes ne veulent pas louer ceux de leur temps, qui vivent avec eux, mais ils tiennent beaucoup à être loués eux-mêmes par ceux qui naîtront après eux, qu'ils n'ont jamais vus ni ne verront jamais. C'est à peu près comme si tu t'affligeais de n'avoir pas reçu non plus les louanges de ceux qui ont vécu avant toi.

### 19

Parce qu'une entreprise te paraît difficile, ne juge pas qu'elle est impossible à l'homme ; si, au contraire, elle est possible et s'il appartient à l'homme de l'accomplir, crois que tu peux toi-même la réaliser.

### 20

Dans les gymnases, l'adversaire nous a égratigné avec les ongles ou, en nous attaquant, frappé d'un coup de tête. Cependant, nous ne montrons ni ressentiment ni fureur et ne nous défions pas désormais de lui comme d'un traître ; nous nous mettons simplement en garde, sans voir en lui un ennemi, ni le tenir en suspicion, et nous lui conservons notre bienveillance en parant ses coups. Qu'il en soit à peu près de même dans les autres circonstances de la vie ; comme si nous étions au gymnase, laissons passer souvent les coups qu'on nous porte. Il est toujours possible, je le répète, de les éviter, sans soupçon et sans haine.

### 21

Si l'on peut me démontrer que mes jugements et mes actes sont mauvais, et m'en convaincre, je changerai volontiers. Je cherche la vérité, et la vérité n'a jamais fait de mal à personne. Ce qui fait du mal, c'est de persister dans son erreur et dans son ignorance.

### 22

Moi, je fais mon devoir ; qui pourrait m'en distraire ? des choses sans vie, ou des êtres sans raison, ou sans direction, qui ne connaissent pas leur route ?

### 23

Use avec noblesse et liberté, toi qui es doué de raison, des animaux et, en général, des choses et des objets, qui n'ont pas de raison. Quant aux hommes, qui sont doués de raison, traite-les comme faisant partie de la même communauté que toi. En toute circonstance, invoque les Dieux ; peu importe combien de temps tu agiras ainsi ; trois heures ainsi employées suffisent.

## 24

Alexandre le Macédonien et son muletier furent, après leur mort, réduits au même état : ou ils rentrèrent dans la même raison séminale de l'univers ; ou ils furent également dispersés parmi les atomes.

## 25

Vois combien de faits physiques et psychiques se produisent à la fois en chacun de nous dans le même laps de temps imperceptible ; ainsi tu ne seras pas étonné que des faits bien plus nombreux, ou plutôt que tout se produise à la fois dans cette unité universelle que nous nommons le monde.

## 26

Si l'on te demandait comment s'écrit le nom d'Antonin, tu énumérerais sans faire aucun effort chacune des lettres qui le composent. Mais si l'on se mettait en colère, irais-tu t'y mettre toi-même et ne continuerais-tu pas à compter doucement ces lettres une à une ? Souviens-toi donc qu'il en est de même dans la vie. Tout devoir est un total de plusieurs temps. N'en omets aucun : et sans te troubler, sans répondre à la mauvaise humeur par la mauvaise humeur, suis la route qui mène à ton but.

## 27

N'y a-t-il pas quelque cruauté à empêcher les hommes de s'élancer vers l'objet qu'ils croient leur convenir et leur être

## 29

Il est honteux que, dans cette vie où mon corps ne se refuse pas à son office, mon âme renonce la première au sien.

## 30

Prends garde de faire le César, de déteindre, car cela arrive. Conserve-toi simple, bon, intègre, grave, naturel, ami de la justice, pieux, bienveillant, tendre, plein de fermeté dans l'accomplissement du devoir. Lutte pour rester tel que la philosophie a voulu te faire. Vénère les Dieux, viens en aide aux hommes. La vie est courte ; le seul fruit de notre existence sur la terre, c'est de maintenir notre âme dans une disposition sainte, de faire des actions utiles à la société4. Sois en tout un élève d'Antonin. Imite son énergie à agir conformément à la raison, sa constante égalité de caractère, sa pureté, la sérénité de son visage, sa douceur, son dédain de la vaine gloire, son ardeur à se rendre compte des choses. Il n'abandonnait pas une question avant de l'avoir pénétrée et nettement comprise. Il supportait les reproches injustes sans répondre par d'autres reproches; il n'avait de précipitation en rien ; il repoussait la calomnie ; il étudiait avec attention les caractères et les actes ; il n'employait jamais l'injure ; il n'était ni timoré, ni soupçonneux, ni sophiste. Il se contentait de peu pour l'habitation, le coucher, le vêtement, la nourriture, le service ; il aimait le travail et il était magnanime. Il pouvait, grâce à sa sobriété, attendre jusqu'au soir sans avoir besoin de se soulager en dehors de son heure accoutumée. Imite sa fidélité et sa constance dans ses amitiés, sa facilité à supporter la contradiction, son empressement à approuver ceux qui lui montraient une meilleure solution. Il était pieux sans superstition. Ressemble-lui, afin que ta dernière heure te trouve, comme lui, la conscience tranquille.

### 31

Reprends tes sens et reviens à toi. Quand tu te seras réveillé, quand tu auras reconnu que tu étais troublé par des rêves, alors, les yeux bien ouverts, regarde les choses comme tu les regardais autrefois".

### 32

Je suis composé d'un corps et d'une âme. Au corps, tout est indifférents, car il ne peut [même pas] s'intéresser à rien. A la pensée, tout est indifférent de ce qui n'est pas ses opérations. Mais toutes ses opérations [du moins] sont en son pouvoir. Entre elles toutes, d'ailleurs, elle ne s'occupe que de celles du moment présent. Celles qui appartiennent à l'avenir et au passé lui sont actuellement indifférentes.

## 33

La peine que supporte ou la main ou le pied n'est point contraire à sa nature tant que le pied remplit son office de pied et la main son office de main. Pareillement, la peine que supporte l'homme en tant qu'homme n'est pas contraire à sa nature tant qu'il remplit son office d'homme. Or, si elle n'est pas contraire à sa nature, elle n'est pas non plus un mal pour lui.

## 34

De quelles voluptés ont joui des brigands, des débauchés, des parricides, des tyrans ?

## 35

Ne vois-tu pas comment les gens de métier s'entendent jusqu'à un certain point avec les inhabiles, mais restent cependant attachés aux principes de leur art et ne veulent pas s'en écarter ? N'est-ce pas étrange que l'architecte et le médecin respectent les principes de leur art plus que l'homme ceux de sa propre nature qui lui sont communs avec les Dieux ?

## 36

L'Asie, l'Europe sont des coins du monde ; la mer tout entière est une goutte de l'univers; l'Athos, une motte de terre dans l'univers ; tout le présent n'est qu'un point dans la durée. Tout est petit, changeant, périssable. Tout vient de là, de ce principe directeur des choses, et en émane directement ou par conséquence. La gueule béante du lion, le poison, tout ce qui est mauvais, comme l'épine ou l'ordure, est l'accompagnement de ce qui est beau et noble. Ne t'imagine pas que ces choses sont étrangères à cet être que tu révères ; réfléchis plutôt qu'il est la source de tout.

## 37

Voir le présent, c'est avoir tout vu, et ce qui est arrivé de toute éternité, et ce qui arrivera jusqu'à l'infini; toutes choses ont même origine et sont pareilles.

### 38

Réfléchis souvent à l'enchaînement de toutes les choses dans l'univers et à leurs rapports réciproques. Elles sont en quelque sorte entrelacées et, par suite, rattachées les unes aux autres par des liens d'amitié, car elles se succèdent sans discontinuité. La cause en est dans la communauté de leur origine et dans leur accord au sein de l'unité de la matière.

### 39

Accommode-toi des choses qui te sont échues ; aime les hommes avec lesquels le sort te fait vivre, aime-les sincèrement .

### 40

Un instrument, un outil, un ustensile quelconque est en bon état s'il fait ce pour quoi il a été constitué, bien que le fabricant soit loin. Mais pour les œuvres de la nature, la force qui les a constituées est en elles et y demeure. Il faut d'autant plus la respecter et croire que, si nous nous conduisons d'après sa volonté, tout va à notre gré. Ainsi vont également au gré de l'univers les choses qui dépendent de lui.

### 41

Quand nous regardons comme un bien ou comme un mal quoi que ce soit qui n'est pas le résultat de notre volonté, nous ne pouvons pas ne pas en vouloir aux Dieux de ce que tel mal nous surprend ou de ce que tel bien nous échappe. Nous ne manquons pas non plus de haïr les hommes auteurs, ou soupçonnés tels, de notre mécompte ou de notre malheur. Nous commettons alors bien des injustices pour n'y être pas restés indifférents. Mais si nous ne considérions comme bon ou mauvais que ce qui dépend de nous, il ne nous resterait aucun prétexte pour blâmer les Dieux et faire la guerre aux hommes.

### 42

Nous travaillons tous à [accomplir] une même œuvre, les uns avec un acquiescement [réfléchi et] conscient, les autres sans le savoir; c'est ainsi, ce me semble, qu'Héraclite dit que les gens endormis ne sont pas inactifs et participent à ce qui se fait dans l'univers. Mais les uns y travaillent d'une manière, les autres d'une autre, et, par surcroît, même celui qui blâme la marche des choses, celui qui s'y oppose et qui veut les détruire. Oui, l'univers avait besoin d'un tel auxiliaire. Tu n'as donc qu'à te demander dans quel parti tu te rangeras. Celui qui dirige le monde saura bien se servir de toi ; il t'accueillera toujours au nombre de ses collaborateurs [libres ou non]. Mais n'en fais pas partie au même titre que dans la comédie ces vers pauvres et ridicules dont parle Chrysippe.

### 43

Est-ce que le soleil voudrait remplir les fonctions de la pluie, et Esculape celles de Déméter ? N'en est-il pas de même de chacun des astres ? ils ont des rôles différents bien que contribuant au même résultat.

### 44

Si les Dieux ont délibéré sur moi et sur ce qui devait m'arriver, ils en ont sagement délibéré ; il n'est pas facile, en effet, même de concevoir que la divinité puisse manquer de sagesse. Or, pour quel motif auraient-ils voulu me faire du mal ? Quel avantage en résulterait-il pour eux et pour l'univers, dont ils se préoccupent avant tout ? Que s'ils n'ont pas délibéré sur ma personne en particulier, ils ont du moins pleinement délibéré sur l'ensemble des choses, et ce qui m'arrive résulte encore de leur décision ; je dois donc l'accueillir avec joie et amour. Enfin, s'ils ne délibèrent sur rien, — ce qu'on ne peut croire sans impiété : car, en ce cas, à quoi bon les sacrifices, les prières, les serments et tout ce que nous faisons comme si les Dieux étaient présents et vivaient avec nous ? — si donc il est vrai que les Dieux ne délibèrent sur rien de ce qui nous touche, il m'est permis, à moi, de délibérer sur moi-même, c'est-à-dire de considérer mon intérêt. L'intérêt de chacun, c'est d'agir conformément à sa constitution et à sa nature. Or, ma nature est d'être raisonnable et sociable ; en tant qu'Antonin, ma patrie et ma cité, c'est Rome ; en tant qu'homme, c'est l'univers. Ce qui est utile à ces deux cités, cela seul est donc un bien pour moi.

### 45

Tout ce qui arrive à chacun est utile à l'univers ; cela pourrait suffire. Mais prends garde, tu verras, en outre, qu'en général ce qui arrive à un homme est utile aussi aux autres. Emploie ici le mot utile dans le sens qu'on lui donne communément à propos de choses indifférentes.

### 46

La vue continuelle des mêmes objets, la répétition des mêmes jeux au cirque et dans les lieux de ce genre en rend le spectacle fastidieux ; on éprouve le même dégoût d'un bout à l'autre de la vie ; du haut en bas, c'est toujours la même chose et toujours le même point de départ. Jusques à quand cela durera-t-il donc ?

### 47

Pense sans cesse à la foule d'hommes de toute sorte, de toute condition, de toute race, qui sont morts ; descends jusqu'à Philistion, Phœbus, Origanion. Passe maintenant en revue les autres catégories. Il faut que nous aussi nous cédions la place pour aller là-bas où sont tant d'orateurs redoutables, tant de profonds philosophes, Héraclite, Pythagore, Socrate, tant de héros d'autrefois et, après eux, tant de généraux et de tyrans. Ajoute les Eudoxe, les Hipparque, les Archimède, d'autres hommes au génie pénétrant ou doués d'une grande âme, laborieux, adroits, orgueilleux et ceux mêmes qui raillaient cette vie humaine périssable et éphémère, tels que Ménippe et d'autres. Pense, à propos de tous ces homme», qu'ils sont morts depuis longtemps. Qu'y a-t-il donc là de terrible pour eux ? Quoi de terrible aussi pour ceux dont on ne connaît même pas les noms ? [Ainsi] il n'y a qu'une chose qui ait quelque prix, c'est de vivre suivant la vérité et suivant la justice, en se montrant bienveillant pour les hommes menteurs et injustes.

### 48

Quand tu veux te réjouir, réfléchis aux vertus de ceux qui vivent avec toi, à l'activité de celui-ci, à la modestie de celui-là, à la libéralité d'un troisième, à telle autre qualité pour chacun. Rien ne nous réjouit autant que de nous représenter les vertus qui brillent dans la vie de ceux qui nous entourent et de les voir se rencontrer presque en foule. Il faut donc être toujours prêt à te les rappeler.

### 49

Te chagrines-tu de ne peser que tant de livres, et non pas trois cents ? Il ne faut donc pas non plus te chagriner de ne vivre que tant d'années et non davantage. Tu te contentes bien de ce qui t'a été donné de matière, fais de même pour la durée.

### 50

Essaie de les persuader, mais agis même malgré eux quand la considération de la justice t'y pousse. Et si l'on te résiste en recourant à la violence, réfugie-toi dans le calme et la sérénité de l'âme, et profite de cet obstacle pour exercer une autre vertu. Souviens-toi que tu n'avais fait cet effort que sous réserve, et que tu ne prétendais pas à l'impossible. Que cherchais-tu donc ? Précisément cet effort de ton âme. Tu as donc atteint ton but, même quand le résultat où tu tendais ne s'est pas réalisé.

### 51

L'ambitieux met son bien dans l'activité des autres; le voluptueux dans ses propres sensations ; l'homme raisonnable dans sa propre action.

### 52

Il m'est possible de ne porter aucun jugement sur cette chose, et de n'en pas troubler mon âme. Les choses ne sont pas d'une nature telle qu'elles nous imposent nos jugements.

### 53

Prends l'habitude d'écouter sans distraction ce que disent les autres ; mets-toi autant que possible dans l'âme de celui qui parle.

### 54

Ce qui n'est pas utile à l'essaim n'est pas utile non plus à l'abeille.

### 55

Si les matelots injuriaient le pilote, ou les malades le médecin, auraient-ils une autre pensée que de leur faire sauver à eux seuls, l'un son équipage, l'autre ceux qu'il soigne ?

### 56

Combien de personnes avec qui je suis entré dans le monde sont déjà parties !

### 57

Le miel paraît amer aux gens qui ont la jaunisse ; ceux qui ont la rage ont horreur de l'eau ; les petits enfants trouvent belle leur balle. Pourquoi donc me fâcher ? Crois-tu que l'erreur ait moins de force que la bile pour l'homme qui a la jaunisse, et le virus pour celui qui est enragé ?

### 58

Personne ne l'empêchera de vivre conformément aux lois de ta nature, et rien ne t'arrivera contrairement aux lois de la nature universelle.

### 59

Que valent ceux auxquels on cherche à plaire? Et pour quels avantages ? Et par quels moyens ? Comme le temps ensevelira vite tout [cela], et que de choses il a déjà ensevelies !

# LIVRE VII

Qu'est-ce que le vice ? — C'est ce que tu as vu bien souvent. A propos de tout événement rappelle-toi de même que c'est quelque chose que tu as vu bien souvent. Partout, en haut, en bas, tu trouveras les mêmes choses. Les histoires des temps anciens, celles des temps intermédiaires et des plus récents en sont remplies ; elles se répètent maintenant encore dans nos villes et dans nos maisons. Il n'y a rien de nouveau ; tout est éphémère et accoutumé.

### 2

Les dogmes sont vivants : et comment pourraient-ils périr, si les représentations correspondantes ne s'éteignent pas ? Or, il dépend de toi de les ranimer sans cesse. Je puis, sur tel objet, porter le jugement qu'il faut ; si je le puis, pourquoi me troubler ? Ce qui est extérieur à ma pensée ne lui est rien, absolument rien. Comprends bien cette vérité, et tu es debout ; tu peux revivre. Recommence à voir les choses comme tu les voyais [autrefois] ; c'est là revivre.

### 3

Vaines et pompeuses processions, spectacles représentés sur la scène, défilés de troupeaux grands et petits, combats singuliers, c'est un os que l'on jette aux chiens, de la nourriture qu'on lance aux poissons dans les viviers, ce sont des agitations de fourmis traînant leur fardeau, des fuites de souris effarées, des marionnettes qu'un fil fait aller. Assistes-y donc avec des dispositions bienveillantes, et sans te rengorger avec dédain. Mais sache que chacun vaut ce que valent les choses pour lesquelles il se passionne.

### 4

Il faut suivre mot par mot les discours et dans les actes observer chaque intention. Ici, vois immédiatement à quel but tend l'action ; là, ce que signifient les paroles.

### 5

Est-ce que mon intelligence suffit à telle œuvre, ou non ? Si elle y suffit, je m'en sers comme d'un instrument qui m'a été donné par la nature universelle. Si elle n'y suffit pas, je cède la place au plus capable d'accomplir le travail, à moins que ce ne me soit un devoir : en ce cas, j'agis comme je peux, en m'adjoignant celui qui, avec l'aide de mon principe dirigeant, pourra réaliser cette œuvre opportune et utile au bien commun. Il faut [en effet] que ce que nous faisons par nous-mêmes ou avec le secours d'autrui n'ait pas d'autre but que l'utilité de l'univers et soit en harmonie avec lui.

### 6

Combien de personnages sont déjà tombés dans l'oubli, après avoir été célébrés par d'autres, et combien parmi ceux qui les ont célébrés ont depuis longtemps disparu !

### 7

Ne rougis pas d'être secouru. Comme un soldat dans l'assaut d'un rempart, tu as à accomplir la tâche qui t'est échue. Que feras-tu donc si ta jambe boiteuse ne te permet pas de monter seul sur le créneau, tandis que tu pourrais y parvenir avec l'aide d'un autre ?

## 8

Ne t'inquiète pas de l'avenir ; tu y arriveras, s'il le faut, portant avec toi cette même raison dont tu te sers pour le présent.

## 9

Toutes les choses sont entremêlées, et le lien qui les enchaîne est divin. Il n'y en a pour ainsi dire point qui soient étrangères l'une à l'autre. Elles ont été arrangées ensemble et contribuent à l'ordre du même univers. Il n'y a qu'un univers fait de l'ensemble des choses, un seul Dieu dans toutes les choses, une seule matière, une seule loi, la raison commune à tous les êtres intelligents, une seule vérité : car il n'y a qu'une seule perfection pour tous les êtres de même origine et participant à la même raison.

## 10

Toute matière disparaît bientôt dans la substance universelle, toute cause rentre bientôt dans la raison universelle, toute mémoire est bientôt ensevelie dans la durée éternelle.

## 11

Pour l'être raisonnable, la même action est à la fois conforme à la nature et à la raison.

## 12

Sois droit et non redressé

## 13

Le même rapport qui unit dans l'individu les membres du corps associe entre eux les êtres raisonnables, constitués pour une action commune. Cette pensée se présentera avec plus de force à ton esprit si tu te dis souvent à toi-même : je suis un membre de l'organisme que constituent les êtres raisonnables. Mais si, au lieu de « membre », tu dis « une partie », c'est que tu n'aimes pas encore les hommes du fond du cœur; tu ne comprends pas encore la joie qu'il y a dans une bonne action : tu ne la fais encore que parce que c'est bien, non parce que tu t'obliges tout le premier.

### 14

Arrive ce qui voudra du dehors à ce qui peut en moi souffrir de ces attaques. Ces parties qui souffrent se plaindront si elles le veulent ; mais moi, si je ne juge pas que cet accident

### 15

Quoi qu'on fasse, quoi qu'on dise, il faut que je sois homme de bien ; ainsi, l'or, ou l'émeraude, ou la pourpre pourrait répéter : quoi qu'on fasse, quoi qu'on dise, il faut que je sois émeraude et que je garde ma couleur.

### 16

Le principe dirigeant ne se fait pas obstacle à lui-même, j'entends qu'il ne se crée à lui-même ni crainte ni désir. Si quelque autre peut l'effrayer ou l'affliger, qu'il le fasse. Par lui-même, en effet, et par son propre jugement, il ne donnera pas ce tour à ses pensées.

Que mon corps cherche à ne pas souffrir, s'il le peut, et qu'il dise s'il souffre. Mais mon âme, qui est celle qui éprouve la crainte ou le chagrin, et à qui seule il appartient d'en juger, mon âme ne souffrira pas si elle ne se pousse pas elle-même à juger qu'elle souffre.

Le principe dirigeant n'a par lui-même aucun besoin extérieur, à moins qu'il ne s'en crée ; par suite, il est tranquille et libre, à moins qu'il ne se trouble et ne s'embarrasse lui-même.

### 17

Le bonheur c'est d'avoir un bon génie ou un bon principe dirigeant. Que viens-tu donc faire ici, ô imagination ? Va t-en, par les Dieux ! comme tu es venue ; je n'ai pas besoin de toi. Tu es venue selon ta vieille habitude. Je ne t'en veux pas, mais va-t-en.

## 18

Crains-tu le changement ? Mais rien peut-il se produire sans changement ? Le changement n'est-il pas ce qu'il y a de plus cher et de plus propre à la nature universelle ? Toi-même peux-tu prendre un bain sans changer les souches pour le chauffer ? Peux-tu te nourrir sans changer tes aliments ? Peut-on subvenir à aucune des nécessités de la vie sans changement ? Eh bien, que tu changes toi-même, ne vois-tu pas que c'est la même chose et que c'est également nécessaire à la nature universelle ?

## 19

A travers la matière universelle, comme à travers un torrent, passent tous les corps ; ils ne font qu'un avec elle et coopèrent avec elle comme nos membres entre eux».

Combien le temps n'a-t-il pas englouti de Chrysippes, de Socrates, d'Épictètes ? Fais la même réflexion à propos de tout homme et de toute chose.

## 20

Une seule chose me tourmente, c'est la crainte de faire ce que la constitution de l'homme ne veut pas ou d'agir autrement qu'elle ne le veut, ou de faire ce qu'elle ne veut pas en ce moment.

## 21

Bientôt, tu auras tout oublié ; bientôt aussi, tu seras oublié de tout.

## 22

C'est le propre de l'homme d'aimer ceux qui le frappent. Tu y arriveras en te souvenant qu'ils sont tes frères, qu'ils ont agi par ignorance, qu'ils sont coupables sans le vouloir, que vous mourrez bientôt les uns et les autres, et, avant tout, qu'on ne t'a pas fait de mal, puisqu'on n'a pas rendu le principe directeur de ton âme pire qu'il n'était auparavant.

### 23

Avec la substance universelle, comme avec une cire, la nature universelle vient de fabriquer un cheval ; elle l'a ensuite défait et s'est servie de la même matière pour créer un arbre, puis un homme, puis quelque autre chose. Chacun de ces êtres n'est apparu que pour peu de temps. Il n'est pas plus extraordinaire pour un coffre d'être détruit que d'être construit.

### 24

[Un visage irrité est tout à fait contraire à la nature ; il en résulte souvent que l'éclat de la beauté disparaît et finit par s'éteindre sans pouvoir jamais se ranimer. Mais ce qu'il faut tâcher de comprendre, c'est que la colère elle-même est contre la raison ; car, si nous perdons jusqu'au sentiment de nos fautes, quel motif de vivre nous reste-t-il ?]

### 25

La nature qui régit l'univers va bientôt changer toutes les choses que tu vois ; de leur matière elle en fera d'autres, et d'autres encore de la matière de celles-ci, afin que le monde soit toujours jeune.

### 26

Lorsque quelqu'un s'est mal conduit à ton égard, demande-toi tout de suite quelle idée du bien ou du mal lui a inspiré cette conduite. Cette considération t'inspirera de la pitié pour lui ; tu n'auras plus ni étonnement ni colère. Ou, en effet, tu as encore la même idée que lui ou une idée semblable de ce qui est bien : tu dois donc lui pardonner. Ou, au contraire, tu ne juges plus comme lui du bien et du mal : il ne t'en sera que plus facile de te montrer bienveillant pour son aveuglement.

### 27

Ne pense point aux choses que tu n'as pas, comme si elles étaient plus agréables que celles que tu as ; fais plutôt le compte des biens les plus précieux que tu possèdes, et souviens-toi avec reconnaissance de ce qu'il aurait fallu faire pour les rechercher, si tu ne les avais pas. Prends garde en même temps, à force d'y trouver du plaisir, de t'habituer à les estimer au point d'être troublé si jamais ils venaient à te manquer.

### 28

Concentre-toi en toi-même ! La nature du principe raisonnable qui nous dirige est de se suffire à soi-même en agissant conformément à la justice, et d'y trouver la tranquillité.

### 29

Efface tes impressions, contiens l'agitation de ton âme. Circonscris dans la durée le moment présent. Connais les événements de la vie, de la tienne comme de celle d'autrui.

### 30

Il faut suivre ce qu'on nous dit en y appliquant fortement notre pensée ; il faut que notre esprit pénètre dans les choses et dans leurs causes.

### 31

Éclaire-toi de simplicité, de pudeur, d'indifférence pour tout ce qui est entre la vertu et le vice h. Aime le genre humain. Suis Dieu. Voici un poète qui dit: « Tout est réglé par des lois. » On dit aussi que les éléments seuls existent. Il suffit de se rappeler que tout est réglé par des lois.

### 32

Sur la mort. S'il n'y a que des atomes, elle n'est qu'une dispersion ; si le monde est un tout, elle n'est qu'extinction ou déplacement.

### 33

Sur la douleur. Si elle est intolérable, elle nous emporte ; si elle dure, c'est qu'elle est supportable ; la pensée peut, d'ailleurs, en s'isolant, assurer sa tranquillité, et le principe dirigeant demeure intact. C'est aux parties maltraitées par la douleur de dire, si elles le peuvent, ce qu'elles ont à dire.

### 34

Sur la gloire. Vois leurs pensées ; vois ce qu'elles fuient et ce qu'elles poursuivent. Vois aussi comment les couches supérieures d'un tas de sable accumulées sur les inférieures les cachent successivement. De même, dans la vie, ce qui s'élève en dernier lieu cache bien vite ce qui l'avait précédé.

### 35

Pensée de Platon. « Penses-tu qu'une vaste intelligence capable d'embrasser toute la durée et toute la substance considère la vie humaine comme quelque chose de grand ? — C'est impossible, dit-il. — Cet homme ne regardera donc pas non plus la mort comme quelque chose d'extraordinaire ? — Certes non.»

### 36

Pensée d'Antisthène. « C'est le rôle d'un roi de faire du bien pendant qu'on dit du mal de lui. »

### 37

Il est honteux que le visage obéisse à la pensée, se compose et s'arrange comme elle le veut, tandis qu'elle ne peut pas se composer et s'arranger elle-même.

### 38

« Il ne faut pas s'irriter contre les choses, car elles s'en soucient fort peu. »

### 39

« Donne de la joie aux Dieux immortels et à nous. »

## 40

« Il faut moissonner la vie comme les épis féconds ; il faut que les uns mûrissent et les autres non. »

## 41

« Si mes deux enfants et moi nous avons été négligés par les Dieux, cela même a une raison. »

## 42

« Le bien et la justice sont avec moi »

## 43

Il ne faut ni se lamenter avec personne ni s'agiter.

## 44

Pensées de Platon. « Et moi je lui répondrais justement en ces termes : « Tu as tort, mon ami, de croire qu'un homme » de quelque valeur doive calculer la chance qu'il a de vivre » ou de mourir, au lieu d'examiner seulement si chacune de » ses actions est juste ou injuste, digne d'un homme de bien » ou d'un méchant. »

## 45

« Oui, Athéniens, en vérité, je suis d'avis que tout homme doit affronter le danger au poste qu'il s'est assigné lui-même, le jugeant le meilleur, ou que lui a assigné son chef. Il ne doit tenir compte ni de la mort ni de quoi que ce soit, au prix de la honte. »

## 46

« Mais prends garde, mon ami, que le courage et la vertu ne soient tout autre chose que de conserver la vie aux autres et à soi-même: n'est-il pas vrai que l'homme véritablement digne de ce nom doit laisser de côté tout souci de la durée de son existence, ne point s'attacher à la vie, mais s'en remettre à Dieu de ce soin, et, se fiant à cet adage des femmes, que personne ne peut éviter le destin, chercher, en outre, de quelle manière il usera le mieux possible du temps qu'il doit vivre ? »

## 47 - 48

« Considère les mouvements des astres comme si tu les suivais dans leur course, et réfléchis aux changements réciproques des éléments. De telles idées nous purifient des souillures de la vie terrestre. »

Cette pensée de Platon est belle. Ainsi, quand on discourt sur les hommes, il faut considérer comme d'un lieu élevé [toutes] les choses de la terre, troupeaux, armées, labours, mariages, divorces, naissances, morts, agitation des tribunaux, contrées désertes, races variées et barbares, fêtes, lamentations, places publiques, tout ce mélange, tout cet ordre fait d'éléments contraires.

## 49

Remonte dans ta contemplation jusqu'aux événements passés. Que de changements d'hégémonies ! Tu peux aussi prévoir l'avenir. Il sera tout pareil au passé. Nous ne pouvons pas sortir du rythme des choses qui se passent présentement. Observer quarante ans de la vie humaine est donc la même chose que d'en observer dix mille. En effet, que verras-tu de plus ?

## 50

Autre pensée :
« Ce qui est issu de la terre rentre dans la terre ; ce qui est né de l'éther retourne à l'espace céleste. »
Sinon, ce sont des combinaisons d'atomes qui se désagrègent ; de même ensuite se dispersent ces éléments insensibles.

## 51

Encore :
« Par des mets, des boissons et des sortilèges, ils essaient de détourner la marche de la destinée, et d'éviter la mort. Il faut

supporter le vent qui souffle, envoyé par les Dieux, et souffrir des maux lamentables. »

## 52

Que l'on soit plus habile lutteur que toi, mais non plus dévoué au bien commun, ni plus modeste, ni plus intrépide en face des événements, ni plus indulgent pour l'aveuglement du prochain.

## 53

Quand on peut accomplir un acte conforme à la raison commune aux Dieux et aux hommes, on n'a rien à craindre : car on ne doit appréhender aucun dommage, dès qu'on peut trouver profit à diriger son énergie dans la bonne voie, celle que marque la constitution.

## 54

Partout et toujours il dépend de toi de te contenter pieusement des conjonctures présentes, de traiter avec justice les hommes avec lesquels tu es présentement en rapport, de mettre tout ton art à éclaircir l'idée présente en ce moment à ton esprit, afin qu'il ne s'y glisse rien dont tu ne sois parfaitement sûr.

## 55

Ne regarde pas autour de toi dans le principe directeur d'autrui ; mais regarde en face de toi où te conduit la nature, la nature universelle par ce qui t'arrive, ta nature propre par ce que tu as à faire. Chacun doit agir suivant sa constitution ; or tout le reste a été fait pour les êtres raisonnables, puisque partout l'inférieur a été fait pour le supérieur ; quant aux êtres raisonnables, ils ont été faits les uns pour les autres. Ce qui est supérieur dans la constitution de l'homme, c'est donc le sentiment de la solidarité. En second lieu, vient la résistance aux ébranlements que subit le corps, car c'est le propre de la raison et de la pensée, dans leurs mouvements, de s'enfermer dans leur domaine et de ne se laisser vaincre ni par les mouvements de la sensation ni par ceux des tendances, qui tous les deux appartiennent à la vie animale. Le mouvement de la pensée veut la prééminence ; il ne consent pas à obéir. Cela est juste, puisque la pensée est faite pour se servir des autres forces. En troisième lieu, il est dans la constitution de l'être raisonnable de réfléchir et de ne pas se laisser tromper. Que le principe dirigeant s'attache à ces règles et poursuive tout droit sa route ; il aura ainsi ce qui est à lui.

### 56

Il faut, comme si l'on était mort, ou comme si l'on n'avait dû vivre que jusqu'au moment présent, vivre toujours le reste de notre existence comme par surcroît et conformément à la nature.

### 57

Aime uniquement ce qui t'arrive, la destinée qui a été faite pour toi ! Que peut-il y avoir de mieux réglé ?

### 58

A propos de chaque événement de ta vie, aie devant les yeux ceux à qui pareille chose est arrivée, et qui en ont été affligés, surpris, et se sont plaints. Où sont-ils maintenant ? Ils ont disparu. Pourquoi donc veux-tu les imiter ? Pourquoi, laissant ces agitations contraires à la nature à ceux qui les provoquent et les subissent, ne t'appliques-tu pas de toute ta force à tirer parti des événements ? Ils te seront utiles, en effet, en devenant la matière de ton effort. Mets seulement ton attention et ta volonté à conserver dans toutes tes actions ta beauté morale, et souviens-toi [en outre] que l'objet même de l'action est indifférent.

### 59

Regarde au dedans de toi-même ! C'est au dedans qu'est la source du bien ; elle peut [toujours] en jaillir, pourvu que tu fouilles toujours.

### 60

Il faut que le corps lui-même ait une attitude ferme et ne s'abandonne ni dans ses mouvements ni dans son maintien. La pensée se manifeste sur le visage et y fait régner l'expression de l'intelligence et de la modestie ; il faut aussi demander au corps tout entier quelque chose d'analogue. Mais que ce soit toujours sans affectation.

### 61

L'art de vivre ressemble à celui de la lutte plus qu'à celui de la danse ; il faut y être prêt aux coups imprévus et les attendre debout, sans tomber.

### 62

Examine sans cesse ce que valent ceux dont tu voudrais invoquer le témoignage, et ce qu'est leur principe dirigeant. Tu ne blâmeras plus les erreurs involontaires et tu n'auras plus besoin de leur témoignage, quand tu auras été jusqu'à la source de leurs opinions et de leurs tendances.

### 63

C'est malgré elle, dit le philosophe, qu'une âme, quelle qu'elle soit, est privée de la vérité. Il en est donc de même de la justice, de la tempérance, de la bienveillance et de toute vertu semblable. Il est tout à fait nécessaire de ne jamais l'oublier ; tu seras alors plus doux pour tout le monde.

### 64

A propos de toute douleur, rappelle-toi qu'elle n'a rien de honteux, et qu'elle n'altère pas ton intelligence, à qui tu obéis. Elle ne lui porte, en effet, aucune atteinte en tant que raisonnables et sociable. Dans la plupart de tes douleurs, appelle aussi à ton aide cette maxime d'Épicure, qu'aucune souffrance n'est ni insupportable ni éternelle, pour peu que l'on réfléchisse à ses limites, et qu'on n'y ajoute pas par l'opinion qu'on s'en fait. Souviens-toi encore que beaucoup de nos sensations, de même nature que la douleur, nous tourmentent sans qu'on s'en aperçoive, par exemple l'envie de dormir, l'extrême chaleur, le manque d'appétit. Lorsque tu es gêné par quelqu'une de ces incommodités, dis-toi donc à toi-même : je m'abandonne à la douleur.

### 65

Prends garde d'avoir pour « les hommes indignes de ce nom » les sentiments que « les hommes » ont pour « les hommes ».

### 66

D'où savons-nous que Télaugès ne valût pas [moralement] mieux que Socrate ? Il ne suffît pas, en effet, que Socrate ait eu une mort plus glorieuse, qu'il fût plus habile à discuter avec les sophistes, plus courageux à supporter le froid pendant la nuit, qu'invité à conduire en prison le Salaminien, il ait généreusement refusé d'obéir, ni enfin qu'il marchât la tête haute dans les rues. C'est à cela surtout que l'on peut faire attention, *si encore cela est vrai*. Mais ce qu'il faudrait examiner, c'est quelle âme avait Socrate, s'il savait se contenter d'être juste avec les hommes, pieux à l'égard des Dieux, sans s'indigner contre la méchanceté des uns, sans s'asservir à l'ignorance de personne ; s'il n'accueillait point comme n'étant pas faits pour lui les événements que lui réservait l'univers, ou s'il ne les subissait pas comme un fardeau intolérable ; si son esprit ne sympathisait pas avec les ébranlements de sa chair [passive].

### 67

La nature ne t'a pas tellement mêlé au composé dont tu fais partie, que tu ne puisses te renfermer en toi-même et rester maître de ce qui est à toi. Il est très possible d'être un homme divin sans être connu de personne. Souviens-toi toujours de cela ; rappelle-toi aussi qu'il faut bien peu de chose pour vivre heureux. Si tu désespères d'exceller dans la dialectique ou dans la physique, ne renonce pas pour cela à être libre, modeste, animé du sentiment de la solidarité et obéissant aux Dieux.

### 68

Tu peux vivre à l'abri de toute violence, dans le plus parfait contentement de l'âme, quand même tous les hommes crieraient contre toi à l'envi, quand même les bêtes sauvages déchireraient tes membres, matière mêlée qui s'épaissit autour de toi. Qu'est-ce qui empêche ta pensée, parmi ces accidents, de garder sa sérénité, par le jugement véridique qu'elle porte sur ce qui l'entoure, et par l'usage qu'elle est prête à faire de tout ce qui survient ? Le jugement dirait ainsi à l'objet qui s'offre à lui : « Voici tout ce que tu es dans ton fond matériel, bien que, d'après l'opinion, tu sembles être autre chose. » Et le pouvoir d'en faire usage lui dirait : « Je te cherchais ; tout ce qui s'offre à moi m'est une matière à exercer la vertu d'un être raisonnable et citoyen du monde, l'art propre à l'homme ou à Dieu. Tout événement m'unit plus intimement à Dieu ou à l'homme, aucun n'est pour moi ni nouveau ni intraitable ; tous, au contraire, me sont connus et d'un maniement facile. »

### 69

Vivre chaque jour comme s'il était le dernier, sans agitation, sans torpeur, sans dissimulation, voilà en quoi consiste la perfection morale.

### 70

Les Dieux, qui sont immortels, ne s'indignent pas à l'idée d'avoir à supporter pendant [tous les instants d'une telle durée tant d'êtres méprisables [et à quel degré !] ; que dis-je ? ils leur donnent tous leurs soins. Et toi, tu t'y refuses, toi qui es sur le point de disparaître, toi qui es un de ces êtres méprisables.

### 71

Combien il est ridicule de ne point chercher à éviter sa propre méchanceté, ce qui est possible, et de vouloir éviter celle des autres, ce qui ne l'est pas !

### 72

La puissance de raison et de solidarité qui est en nous considère justement comme indigne d'elle tout ce qui n'est ni intelligent ni conforme au bien universel.

### 73

Quand tu as fait le bien et qu'un autre en a profité, pourquoi rechercher, en outre, comme un insensé, une troisième satisfaction, celle de paraître avoir fait le bien, ou d'être payé de retour ?

### 74

Personne ne se lasse de ce qui lui est utile. Or, agir conformément à la nature nous est utile. Ne te lasse donc pas de t'être utile à toi-même, en étant utile aux autres.

### 75

La nature universelle s'est mise à créer le monde, et maintenant, ou bien tout ce qui se produit est la lointaine conséquence de son acte initial, ou bien il n'y a pas de raison dans les êtres, même supérieurs, que le principe dirigeant du monde se met à créer individuellement. Rappelle-toi cette vérité ; elle te rendra plus patient à l'égard de bien des choses.

# LIVRE VIII

Voici qui doit encore te conduire au mépris de la vaine gloire. Tu ne peux plus faire que tu aies vécu toute ta vie en philosophe, du moins depuis ta jeunesse. Beaucoup d'autres hommes ont vu et tu as vu toi-même combien tu étais loin de la philosophie. Te voilà confondu. Il t'est difficile maintenant d'acquérir la réputation d'un philosophe ; les faits mêmes s'y opposent. Si tu as bien reconnu ce qui est essentiel, laisse là tout souci de paraître ; qu'il te suffise de vivre le reste de ta vie comme le veut ta nature. Réfléchis à ce qu'elle veut, et ne te laisse détourner par aucune autre pensée ; après bien des tentatives, après avoir beaucoup erré à l'aventure, tu n'as trouvé nulle part le bien vivre. Tu ne l'as trouvé ni dans la dialectique, ni dans la richesse, ni dans la réputation, ni dans la jouissance, ni nulle part. Où est-il donc ? Dans une conduite conforme aux volontés de la nature humaine. Et comment suivras-tu cette conduite ? En ayant des principes arrêtés d'où découleront tes tendances et tes actes. Quels principes ? Ceux qui concernent le bien et le mal, à savoir qu'il n'y a point de bien pour l'homme, en dehors de ce qui le rend juste, tempérant, courageux, libre, et point de mal en dehors des vices contraires à ces vertus.

## 2

A chacune de tes actions demande-toi : qu'est-elle par rapport à moi ? N'aurai-je pas lieu de m'en repentir ? Encore un instant, et je serai mort, et tout aura disparu. Si mon action présente est celle d'un être intelligent, animé de l'esprit de solidarité, soumis aux mêmes lois que Dieu, pourquoi chercherai-je autre chose ?

### 3

Qu'est-ce qu'Alexandre, César et Pompée, à côté de Diogène, d'Heraclite et de Socrate ? Ceux-ci voyaient les choses ; ils en connaissaient le principe efficient et la matière ; leur principe dirigeant était toujours le même. Les autres, au contraire, que de choses ils devaient prévoir, que de servitudes ils devaient subir !

### 4

Tu aurais beau crever d'indignation, ils n'en continueront pas moins à faire la même chose.

### 5

D'abord, ne te trouble pas ; tout se passe conformément à la nature universelle ; avant peu tu ne seras rien, ni nulle part, comme Hadrien, comme Auguste. Ensuite, considère attentivement la réalité, reconnais-la, et, te souvenant que tu dois être un homme de bien, sachant ce que réclame la nature humaine, fais-le sans te retourner, et dis ce qui te paraîtra le plus juste ; que ce soit seulement avec bienveillance, avec modestie, avec franchise.

### 6

La nature universelle a pour fonction de déplacer et de changer ce qui est, en prenant ici ce qu'elle rapporte là. Tout évolue. Ne t'en effraie pas cependant ; il n'y a rien de nouveau ; tout est accoutumé ; et tout aussi est réparti également.

### 7

Toute nature est contente de bien suivre sa voie. Une nature raisonnable suit bien sa voie lorsque, dans ses représentations, elle n'acquiesce à rien de faux ni d'incertain ; quand elle ne se porte en ses mouvements qu'à des actes de solidarité ; quand elle n'a d'inclination ni d'aversion que pour des objets qui dépendent d'elle ; lorsque enfin elle accueille avec empressement tout ce qui lui est attribué par la nature universelle. C'est qu'elle en est une partie, comme la [nature de la] feuille est une partie de [celle de] la plante. Mais la nature de la feuille fait partie d'une nature insensible, sans raison, et qui peut être asservie ; la nature de l'homme, au contraire, est une partie d'une nature indépendante, intelligente et juste, qui distribue équitablement à chacun, suivant son mérite, la durée, la matière, le principe efficient et formel, l'action, les circonstances extérieures. Cherche à découvrir cette égalité, non en comparant toujours les vies détail par détail, mais en comparant à la fois tout ce qu'a reçu l'un avec l'ensemble de ce qu'a reçu l'autre.

8

Tu n'as pas besoin de lire. Mais tu as le loisir de réprimer ton orgueil ; tu as le loisir de vaincre le plaisir et la douleur ; tu as le loisir de t'élever au-dessus de la vaine gloire ; tu as le loisir de supporter sans colère les sots et les ingrats ; que dis-je ? de t'occuper d'eux.

9

Que personne ne t'entende plus blâmer la vie qu'on mène à la cour, pas même toi.

10

Le repentir est un reproche que l'on s'adresse pour avoir négligé une chose utile ; or le bien ne saurait être qu'une chose utile : et l'honnête homme s'en doit préoccuper. Mais aucun honnête homme n'ira jamais se repentir d'avoir négligé le plaisir ; le plaisir n'est donc ni une chose utile ni un bien.

11

Qu'est ceci en soi-même et par sa propre constitution ? Quelle en est la substance et la matière ? Quel en est le principe efficient et formel ? Que fait-il dans le monde ? Combien de temps dure-t-il ?

## 12

Quand tu as de la peine à te réveiller, rappelle-toi qu'il est conforme à ta constitution et à la nature humaine d'accomplir des actes de solidarité. Le sommeil, au contraire, t'est commun avec les êtres sans raison : or ce qui est conforme à la nature de chacun lui est plus propre, plus naturel et, par suite, plus agréable.

## 13

Ne manque jamais d'examiner chacune de tes représentations, autant que possible, au point de vue de la physique, de la morale et de la dialectique.

## 14

Qui que ce soit que tu rencontres, commence par te dire immédiatement à toi-même : quels principes cet homme a-t-il sur le bien et le mal ? Car s'il a tels principes sur le plaisir et la douleur et sur ce qui les fait naître, sur la gloire, l'obscurité, la mort, la vie, je n'aurai ni à m'étonner ni à trouver étrange qu'il fasse telle action. Je me rappellerai qu'il ne peut pas agir autrement.

## 15

Rappelle-toi que s'il est honteux de s'étonner qu'un figuier porte des figues, il ne l'est pas moins de s'étonner que le monde porte tels événements qui sont ses fruits naturels. De même, il serait honteux pour un médecin et pour un pilote de s'étonner, l'un qu'un tel ait la fièvre, l'autre qu'il s'élève un vent contraire.

## 16

Souviens-toi que tu n'aliènes ta liberté ni en changeant d'avis ni en suivant qui te redresse. Cette action, en effet, est encore tienne, puisque, en l'accomplissant, tu suis le mouvement de ton âme, ton jugement, et, pour tout dire, ta raison.

## 17

Si cela dépend de toi, pourquoi le fais-tu ? Si cela dépend d'un autre, qui accuses-tu ? Les atomes ou les dieux ? Folie dans les deux cas. Il ne faut accuser personne. Si tu le peux, corrige l'auteur du fait ; si tu ne le peux pas, corrige le fait lui-même. Mais si tu ne peux pas même cela, à quoi te sert-il d'accuser ? Il ne faut rien faire inutilement.

## 18

Ce qui est mort ne tombe pas hors de l'univers. S'il y reste, c'est pour [y] changer et se dissoudre en ses parties, éléments qui composent l'univers et toi-même. Ces éléments eux-mêmes changent et ne murmurent pas.

## 19

Chaque être, cheval, vigne, est né pour quelque chose. Pourquoi t'en étonner ? Le soleil lui-même te dira : je suis né pour une certaine œuvre, et ainsi les autres dieux ! Toi donc, pour quoi es-tu né? Pour le plaisir ? Vois si ta raison admet cette réponse.

## 20

Comme un joueur qui lance une balle, la nature poursuit un but dans chacun de ses actes, dans la fin non moins que dans le commencement et dans la durée de chaque être. Quel bien y a-t-il, d'ailleurs, pour la balle à monter en l'air, ou quel mal à descendre ou même à tomber ? Quel bien y a-t-il pour une bulle d'eau à se former, ou quel mal à se dissoudre ? Il en est de même d'une lampe.

## 21

Retourne le corps et vois ce que font de lui la vieillesse, la maladie, les plaies.

Celui qui loue et celui qui est loué ; le panégyriste et l'objet du panégyrique ont une vie également courte. Et, en outre, même dans un coin de cette contrée où ils se trouvent, tous les hommes ne sont pas d'accord entre eux ; chacun n'est même pas d'accord avec soi-même. Et la terre tout entière n'est elle-même qu'un point.

### 22

Fais attention à l'objet de ta représentation, à ton jugement, à ton action, au sens de tes paroles.

### 22 bis

C'est justement que tu te trouves dans cet état; mais tu aimes mieux devenir un homme de bien demain que de l'être aujourd'hui.

### 23

Si j'accomplis quelque action, je l'accomplis en la rapportant au bien des hommes. M'arrive-t-il quelque chose ? Je le reçois en le rapportant aux dieux et à la source de tout, au principe d'où se déroule la chaîne des événements.

### 24

Tel que te paraît un bain, c'est-à-dire de l'huile, de la sueur, de la saleté, une eau grasse, un mélange d'ordures, telle est toute partie de la vie, tel tout objets.

### 25

Avant Lucilla mourut Vérus, puis ce fut Lucilla ; avant Secunda, Maximus, puis Secunda ; avant Epitynchanus, Diotime, puis Epitynchanus ; avant Antonin, Faustine, puis Antonin. *Avant Celer, Hadrien, puis Celer.* Et partout de même. Et ces hommes à l'esprit pénétrant et divinateur, ou enivrés des fumées de l'orgueil, où sont-ils ? Où sont, par exemple, ces esprits pénétrants, Charax, Démétrius le platonicien, Eudémon, et leurs pareils ? Tout cela était éphémère ; tout cela est mort depuis longtemps. Quelques-uns n'ont pas même laissé un bref souvenir ; d'autres sont devenus des légendes ; d'autres sont même déjà sortis de la légende. Rappelle-toi donc cette alternative : ou bien le composé dont tu es fait devra se disperser ; [ou bien] ton souffle devra s'éteindre, ou prendre la place nouvelle qui lui aura été marquée.

### 26

La joie de l'homme est de faire ce qui appartient à l'homme. Il appartient à l'homme d'être bon pour ses semblables, de mépriser les mouvements des sens, de discerner parmi les vraisemblances, de contempler la nature universelle et ce qui arrive suivant ses lois.

### 27

Trois relations : l'une avec le vase corporel qui nous entoure, l'autre avec la cause divine d'où vient tout ce qui arrive à tous, la troisième avec ceux qui vivent en même temps que nous.

### 28

Ou la douleur est un mal pour le corps, et c'est à lui de le proclamer ; ou elle en est un pour l'âme. Mais l'âme a le pouvoir de conserver sa sérénité et son calme en ne jugeant pas que la douleur est un mal. En effet, tout jugement, toute tendance, tout désir, toute aversion est en nous ; ainsi il ne peut venir du dehors jusqu'à nous aucun mal.

### 29

Efface les idées qui se présentent à toi, en te disant sans cesse : il dépend de moi que mon âme n'ait ni méchanceté, ni désir, ni rien qui la trouble. Je n'ai qu'à considérer toute chose en elle-même, et à faire de chacune le cas qu'elle mérite. Rappelle-toi que la nature t'a donné ce pouvoir.

### 30

Si tu adresses la parole au Sénat ou à qui que ce soit, fais-le avec modestie et netteté, parle un langage sain.

### 31

La cour d'Auguste, sa femme, sa fille, ses petits-fils, ses descendants, sa sœur, Agrippa, ses parents, ses proches, ses amis, Aréos4, Mécène, ses médecins, ses sacrificateurs, enfin tout ce qui composait cette cour est mort. Considérant maintenant d'autres groupes, par exemple celui des Pompéiens, pense non à chaque mort individuelle, mais à l'inscription qu'on lit sur les tombeaux : le dernier de sa race ; réfléchis aux efforts qu'ont faits ceux qui venaient avant ceux ci pour laisser un successeur : et qu'il faut, malgré tout, que quelqu'un soit le dernier. Ainsi tu en arriveras à considérer la mort de toute une race.

### 32

Arrangeons notre vie action par action, satisfaits si chacune produit tout ce qu'elle peut. Or, nul ne peut nous empêcher de le lui faire produire. — Mais quelque obstacle extérieur m'arrêtera. — Il n'en est point pour la justice, la tempérance, la raison. — Mais peut-être que mon activité, sur d'autres points, sera entravée. — Par ta résignation à l'obstacle même, par la douceur avec laquelle tu te plies aux circonstances données, immédiatement tu engages une autre action qui s'accorde avec cet arrangement de la vie dont je parlais.

### 33

Recevoir sans orgueil, quitter avec détachement.

### 34

As-tu vu quelquefois une main ou un pied coupé, une tête tranchée, gisant loin du reste du corps ? Tel est l'état dans lequel se met, autant qu'il est en lui, celui qui repousse ce qui lui arrive, qui se retranche du monde, ou qui commet un acte contraire à la solidarité. Tu t'es rejeté hors de l'unité voulue par la nature, car tu n'étais qu'une partie, et voilà que tu t'es retranché du tout. Mais voici qui est admirable : il t'est possible de rentrer dans cette unité. Dieu n'a permis à aucune autre partie, séparée et retranchée du tout, de s'y rajuster de nouveau. Vois donc quelle bonté, quels égards il a eus pour l'homme. Il a fait dépendre de lui d'abord de ne pas se séparer du tout ; une fois séparé, il lui a permis de revenir s'y souder et y reprendre sa place à côté des autres parties.

### 35

La nature universelle a donné à chaque être doué de raison ses diverses facultés ; entre autres, nous en avons reçu celle que voici. De même qu'elle accommode et range à la destinée, pour en faire une partie d'elle-même, tout ce qu'elle trouve sur sa route et tout ce qui lui résiste, de même l'être raisonnable peut faire de tout obstacle une matière à sa propre action et s'en servir, quel qu'ait été son premier dessein.

### 36

Ne te trouble pas en te représentant l'ensemble de ta vie. Ne considère pas combien de peines et combien lourdes te surviendront probablement; mais, à propos de chacun des événements présents, demande-toi : Qu'y a-t-il d'insupportable, [d'intolérable] dans ce que je fais ? Tu rougiras de le confesser. Rappelle-toi ensuite que ni l'avenir ni le passé ne pèsent sur toi, mais seulement le présent. Or, il se rapetisse de plus en plus, si tu le réduis à sa vraie mesure, et si tu fais honte à ta pensée de ne pouvoir résister à ce rien.

### 37

Est-ce que Panthée ou Pergame sont encore maintenant assis auprès du tombeau de Vérus ? Et Chéréas ou Diotime auprès de celui d'Hadrien ? Supposition ridicule. Eh quoi ? S'ils y étaient assis, leurs maîtres s'en apercevraient-ils ? Et s'ils s'en apercevaient, en éprouveraient-ils du plaisir ? Et s'ils en éprouvaient du plaisir, les autres seraient-ils immortels ? N'était-il pas prévu d'abord par le destin qu'à leur tour ils deviendraient l'une une vieille femme, l'autre un vieillard, et qu'ensuite ils mourraient ? Que devaient donc devenir les maîtres après la mort des serviteurs ? Ordure que tout cela, et pourriture dans un sac.

### 38

Si tu as la vue perçante, tâche d'avoir dans tes jugements les yeux les plus clairvoyants.

### 39

Je ne vois dans la constitution de l'être raisonnable aucune vertu contraire à la justice, mais j'en vois une contraire au plaisir, la tempérance.

### 40

Supprime ton jugement au sujet de ce qui te semble pénible et tu es parfaitement à l'abri.— Qui, tu ? — La raison. — Mais je ne suis pas raison. — Soit. Que ta raison donc ne s'afflige pas elle-même. Mais s'il y a quelque autre chose en toi qui souffre, laisse-l'en juger pour son propre comptes.

### 41

Ce qui fait obstacle à la sensation est un mal pour la nature animale. Ce qui fait obstacle à la tendance est également un mal pour la nature animale. Et il y a de même des obstacles qui sont des maux pour la constitution de la plante. Par conséquent, ce qui fait obstacle à la raison est un mal pour la nature raisonnable. Applique-toi toutes ces observations. La douleur ou le plaisir t'atteignent-ils ? C'est à la sensation d'y pourvoir. Quelque chose a-t-il fait obstacle à la tendance ? Si tu ne l'as point soumise à certaines réserves, c'est cela d'abord qui est un mal pour l'être raisonnable. Mais si tu regardes comme indifférente une aventure communes, tu n'as pas encore souffert de dommage, tu n'as pas rencontré d'obstacle. Les opérations propres à ta raison ne sont ordinairement entravées que par toi seul, car ni le feu, ni le fer, ni un tyran, ni une calomnie, ni rien ne peut l'atteindre. Quand la sphère est achevée, elle demeure ronde.

### 42

Je ne mérite pas de me faire de la peine à moi-même, car jamais je n'en ai fait volontairement à autrui.

## 43

A chacun ses joies. La mienne est de tenir mon principe dirigeant en bonne santé, de ne me détourner d'aucun homme ni de rien de ce qui arrive aux hommes, de regarder et d'accueillir toute chose avec des yeux bienveillants, et d'en user selon ce qu'elle vaut.

## 44

Vois à ne t'accorder à toi même que le présent. Ceux qui préfèrent la gloire [posthume] ne s'avisent pas que les hommes à venir seront pareils à ceux d'aujourd'hui, qu'ils ont de la peine à supporter ; ceux-là aussi seront mortels. Que t'importent donc en définitive les échos de leur voix ou l'opinion qu'ils peuvent avoir de toi ?

## 45

Prends-moi, jette-moi où tu voudras ! Là aussi mon génie conservera sa sérénité ; je veux dire qu'il se contentera d'être et d'agir d'accord avec la loi de sa propre constitution

## 45 bis

Ceci vaut-il donc la peine que mon âme soit en mauvais état, inférieure à elle-même, rapetissée, troublée, pleine de désirs et de craintes ? Trouveras-tu même quelque chose qui vaille ce prix ?

## 46

A aucun homme il ne peut rien arriver qui ne soit un événement humain ; ni à un bœuf rien qui ne soit fait pour un bœuf ; ni à une vigne rien qui ne soit propre à une vigne ; ni à une pierre rien qui ne soit fait pour une pierre. Si donc il n'arrive à tout être que des événements habituels et naturels, pourquoi t'indigner ? Car la nature universelle ne te destinait rien d'insupportable !

## 47

Quand tu es affligé par une chose extérieure à toi, ce n'est pas cette chose qui le pèse, mais ton jugement sur elle. Or, il t'est possible de l'effacer immédiatement. Que si la cause de ton affliction est dans ta disposition intérieure, qui t'empêche de rectifier tes principes ? Si enfin tu es affligé parce que tu n'accomplis pas tel acte qui te paraît bon, pourquoi ne l'accomplis-tu pas plutôt que de t'affliger ? — Mais quelque chose de plus fort que moi s'y oppose. — Alors ne t'afflige point, car la cause de ton impuissance ne dépend pas de toi. — Mais il ne vaut pas la peine de vivre si je ne fais pas cela. — Sors donc de la vie sans amertume, ainsi que meurt celui qui accomplit ce qu'il a résolu, et sans en vouloir à ce qui t'a fait obstacle.

### 48

Souviens-toi que le principe dirigeant est invincible quand il se replie en lui-même et se suffît à lui-même ; quand il ne fait pas ce qui lui déplaît, même [si sa résistance est] sans raison. Qu'est-ce donc quand il juge les choses d'après la raison et après mûr examen ? L'intelligence libre de passions est une acropole ; l'homme n'a rien de plus solide où il puisse se réfugier et être toujours imprenable. Celui qui n'a pas vu cela est ignorant ; celui qui l'a vu et qui ne cherche pas ce refuge est malheureux.

### 49

Ne te dis rien de plus à toi-même que ce que te rapportent les représentations qui s'offrent d'abord à toi. On t'a rapporté qu'un tel dit du mal de toi ; voilà ce qu'on t'a rapporté, mais non que tu en es blessé. Tu vois que ton petit enfant est malade. Tu le vois ; mais qu'il soit en danger, tu ne le vois pas. C'est ainsi qu'il faut t'en tenir à tes premières représentations et n'y rien ajouter de toi-même ; ainsi il n'y a rien. Ou plutôt ajoutes-y, mais en homme qui a l'expérience de ce qui arrive dans l'univers.

### 50

Ce concombre est amer. — Laisse-le. — Il y a des buissons sur le chemin. — Laisse-les ; cela suffit. Ne dis pas en outre : pourquoi de pareilles choses existent-elles dans le monde ? Tu prêterais à rire à un naturaliste, de même que tu prêterais à rire à un charpentier et à un cordonnier si tu te plaignais de voir dans leur atelier des copeaux et des rognures. Encore ces ouvriers ont-ils où jeter ces débris ; mais la nature universelle n'a rien en dehors d'elle. Ce qu'il y a d'admirable dans son art, c'est qu'enfermée dans les limites qu'elle s'est tracées, elle transforme en elle-même ce qu'elle contient qui semble dépérir, vieillir et devenir inutile. De tout cela elle fait des choses nouvelles, pour n'avoir besoin ni de matière empruntée au dehors ni d'un endroit où jeter sa pourriture. Elle se contente de l'espace et de la matière qui lui appartiennent, et de l'art qui lui est propre.

### 51

Dans tes actes point d'indolence ; point de désordre dans tes entretiens ; sache te retrouver parmi tes représentations ; que ton âme ne soit pas toute contractée, puis toute emportée par la joie ; ne t'embarrasse pas d'affaires dans la vie.

### 51 bis

Ils tuent, ils distribuent la chair des victimes, ils lancent des malédictions. Quel rapport y a-t-il entre ces actes et le fait de conserver ta pensée pure, [raisonnable,] modérée, juste ? Si un homme se tenant près d'une source claire et douce l'invectivait, l'eau appétissante ne cesserait pas pour cela de jaillir. Il aurait beau y jeter de la boue, de l'ordure, elle disperserait vite ces immondices et entraînerait tout sans en être souillée. Comment donc te procureras-tu une source intarissable ? En conservant à toute heure de ta vie ta liberté, en restant bienveillant, simple, modeste.

### 52

Celui qui ne sait pas ce qu'est l'univers ne sait pas où il est. Celui qui ne sait pas pour quelle fin existe l'univers ne sait ni qui il est ni ce qu'est l'univers. Celui qui a négligé de s'enquérir d'une de ces choses ne pourrait même pas dire pour quelle fin il existe lui-même. Que penses-tu donc de celui qui fuit [les reproches et les injures] ou recherche [les éloges et] les applaudissements d'hommes qui ne savent ni où ils sont ni ce qu'ils sont ?

### 53

Tu veux être loué par un homme, qui se maudit lui-même trois fois dans une heure ? tu veux plaire à un homme, qui ne se plaît pas à lui-même ? Peut-il, en effet, se plaire à lui-même, celui qui se repent de presque tout ce qu'il fait ?

### 54

Il ne faut pas seulement s'unir par le souffle à l'air qui nous enveloppe, mais aussi par la pensée à l'intelligence qui embrasse tout ! La force intelligente n'est pas moins répandue en tout lieu et n'est pas moins à la portée de l'homme capable de se l'assimiler que l'aérienne à la portée de celui qui peut la respirer.

### 55

Pas plus que le vice en général ne fait de mal à l'univers, le vice d'un individu ne peut nuire à un autre. Il ne peut nuire, en effet, qu'à celui à qui a été donné le pouvoir de s'en délivrer dès qu'il le voudra.

### 56

Le libre arbitre du voisin est indifférent au mien comme sa respiration et son corps. Car, bien que nous soyons précisément nés les uns pour les autres, nos principes dirigeants ont, pourtant leur autonomie personnelle ; autrement le vice du voisin deviendrait mon propre mal. Dieu ne l'a pas voulu, afin qu'il ne fût au pouvoir d'aucun autre que je fusse malheureux.

### 57

Le soleil semble se répandre partout, et il est, en effet, répandu partout, mais sans s'écouler. Cet épanchement est le résultat d'une tension. Aussi donne-t-on aux rayons du soleil le nom d'*aktines*, du verbe *ekteinesthai* (s'étendre). Ce qu'est un rayon, tu peux t'en assurer en regardant la lumière du soleil qui pénètre par une étroite ouverture dans une chambre noire ; elle se dirige en ligne droite et va pour ainsi dire s'appuyer sur le corps solide qu'elle rencontre et qui intercepte le passage de l'air situé de l'autre côté ; là, elle s'arrête, sans glisser, sans tomber. Ainsi doit s'épancher et se répandre la pensée, sans se laisser couler, mais en se tendant ; ainsi elle doit peser sur les obstacles qu'elle rencontre, sans violence, sans emportement ; il ne faut pas qu'elle tombe, mais qu'elle se tienne droite, éclairant l'objet qui la reçoit. Ce qui refuse de la réfléchir se prive de sa lumière.

## 58

Celui qui craint la mort craint ou de ne plus sentir ou de sentir autrement. Mais si l'on cesse de sentir, on ne doit plus sentir aucun mal ; si l'on acquiert une autre sensibilité, on devient un autre animal, et l'on ne cesse pas de vivre.

## 59

Les hommes sont nés les uns pour les autres ; instruis-les donc, ou supporte-les.

## 60

Une flèche se meut autrement que l'esprit ; cependant l'esprit, même quand il prend ses précautions et tourne autour des choses qu'il examine, n'en va pas moins tout droit vers son but.

## 61

Entre dans le for intérieur de chacun, mais permets à chacun d'entrer dans le tien.

# LIVRE IX

Celui qui commet l'injustice est impie. En effet, la nature universelle a créé les êtres raisonnables les uns pour les autres ; elle a voulu qu'ils s'entr'aidassent les uns les autres selon leur mérite, et qu'ils ne se fissent jamais aucun tort. Celui qui transgresse cette volonté de la nature est évidemment impie envers la plus antique des divinités.

Celui qui ment est également impie à l'égard de la même divinité. En effet, la nature universelle comprend toute réalité. Or, tout être est parent de toute réalité. En outre, la nature impie. Je dis que la nature les admet également. Cela signifie que ces choses arrivent également à tous les êtres qui naissent et se succèdent, comme la conséquence logique1 d'un antique décret de la Providence, qui, ayant à l'origine décidé à un certain moment d'organiser ce monde, conçut telle et telle raisons2 et détermina telle et telle forces génératrices des êtres à venir, avec leur existence, leurs métamorphoses, leur succession, telles que nous les voyons.

## 2

Il serait digne d'un homme supérieur de sortir du milieu des hommes sans avoir même goûté au mensonge, à l'hypocrisie, à la luxure et à l'orgueil. Il y a encore une ressource, si l'on échoue, c'est de mourir dégoûté de tout cela. Préférerais-tu demeurer auprès du vice, et l'expérience ne te persuade-t-elle pas encore de t'enfuir loin de cette peste ? La corruption de la pensée est une peste [en effet, et bien] plus terrible que celle qui altère et corrompt l'air dont nous sommes enveloppés. Celle-ci n'est que la peste des êtres vivants en tant qu'êtres vivants; l'autre est la peste de l'homme, en tant qu'homme.

3

Ne méprise pas la mort ; fais-lui, au contraire, bon visage, parce qu'elle est aussi voulue par la nature. La dissolution de notre être est un fait naturel, tout comme la jeunesse et la vieillesse, comme grandir, être adulte, avoir des dents, de la barbe, des cheveux blancs, comme la procréation, la grossesse, l'enfantement et les autres phénomènes qui arrivent avec les saisons de la vie. L'homme se conforme donc à la raison, lorsqu'au lieu de se montrer vis-à-vis de la mort mal disposé, emporté, orgueilleux, il l'attend comme un des actes de la nature. Et de même que tu attends en ce moment le jour où ton enfant sortira du ventre de ta femme, accueille de même l'heure où ton âme s'échappera de son élytre. Mais veux-tu une règle, sans doute assez vulgaire, capable néanmoins de fortifier ton cœur ? Ce qui te rendra surtout bienveillant pour la mort, c'est d'examiner les objets qui t'entourent, et dont tu vas te séparer, c'est de te dire avec quelles mœurs ton âme ne sera plus mêlée. Ne t'irrite pas cependant le moins du monde contre ceux-ci ; tu dois, au contraire, t'intéresser à eux et les traiter avec douceur, mais en te rappelant que ces hommes dont tu vas être délivré n'ont pas les mêmes dogmes que toi. Un seul motif, si même il pouvait y en avoir un, était capable de t'attirer vers la vie et de t'y rattacher, c'eût été de vivre avec des hommes professant les mêmes dogmes. Mais tu vois maintenant comme tu es las des désaccords qui te séparent de ceux avec qui tu vis. Tu en arrives à t'écrier : Viens plus vite, ô mort, de peur que je ne finisse par m'oublier moi-même !

4

Celui qui commet une faute la commet contre lui-même, celui qui commet une injustice la commet contre lui-même en se rendant méchant.

### 5

On est injuste souvent par ce que l'on ne fait pas autant que par ce que l'on fait.

### 6

Il suffit que notre jugement présent soit et se sache vrai, que notre action présente soit une action de solidarité, que notre disposition présente nous fasse accueillir favorablement tout ce qui nous vient de la cause universelle.

### 7

Efface tes représentations, contiens les mouvements de ton âme, étouffe tes désirs ; sois maître de ton principe dirigeant.

### 8

Une seule âme vivante a été répartie entre les animaux dépourvus de raison, une seule âme intelligente distribuée entre les animaux raisonnables. Il n'y a qu'une terre pour toutes les choses terrestres ; une seule lumière nous éclaire et nous respirons le même air, nous tous qui vivons et qui y voyons.

### 9

Tout ce qui participe à une nature commune est attiré vers son semblable. Ce qui est de nature terrestre rampe vers la terre, ce qui est humide coule vers ce qui est humide ; pareillement, ce qui est aérien. C'est à ce point qu'il faut des obstacles pour en maintenir de force la séparation. Le feu s'élève dans l'air, attiré par le feu élément, et il conserve sur la terre une telle aptitude à confondre sa flamme avec celle d'un autre feu que toute matière tant soit peu sèche s'enflamme aisément, et d'autant mieux qu'elle est moins mêlée d'éléments qui s'opposent à l'incandescence. Par conséquent, tout ce qui participe à une [commune] nature intelligente est aussi attiré vers son semblable, et l'est même davantage. Car plus l'intelligence l'emporte sur tout le reste, plus elle est disposée à se mêler et à se confondre avec ce qui est de même origine qu'elle. Voilà pourquoi l'on remarque déjà chez des animaux, privés de raison des essaims, des troupeaux, une éducation des petits et des espèces d'amours ; c'est que déjà il y avait en eux des âmes; c'est qu'on peut découvrir en ces êtres plus avancés un instinct qui travaillait à les réunir et qui n'existait pas encore dans la plante, la pierre, ni le bois. Chez les animaux doués de raison, il y a des gouvernements, des amitiés, des maisons, des associations et, pendant la guerre, des traités et des armistices. Parmi les êtres encore plus parfaits, et qui sont éloignés les uns des autres, il y a cependant une sorte d'unité, par exemple parmi les astres. Ainsi, le progrès des êtres arrive à créer entre eux la sympathie, même quand ils sont séparés les uns des autres. Vois pourtant ce qui se passe autour de toi. Les êtres intelligents ont seuls oublié cette bienveillance et ces liens réciproques ; il n'y a que chez eux qu'on ne découvre pas ce concours sympathique. Néanmoins, les hommes ont beau se fuir : ils sont repris ; la nature est la plus forte. Observe, et tu remarqueras ce que je viens de dire. On verrait plutôt un objet fait de terre détaché de tout élément terrestre, qu'un homme entièrement séparé de tout homme.

## 10

L'homme porte son fruit, comme Dieu, comme le monde ; chaque être porte son fruit dans sa saison. Peu importe que l'usage n'emploie ce mot qu'à propos de la vigne ou de choses semblables. La raison a aussi son fruit commun à tous et propre à chacun ; de ce fruit en naissent d'autres de même nature que la raison elle-même.

## 11

Si tu le peux, dissuade-les ; sinon rappelle-toi que c'est pour ce cas que la bienveillance t'a été donnée. Les Dieux eux-mêmes sont pleins de bienveillance pour de tels hommes ; ils sont même assez bons parfois pour leur venir en aide, soit qu'ils désirent la santé, la richesse ou la gloire. Tu peux en faire autant ; ou bien dis-moi qui t'en empêche.

## 12

Travaille, non comme un malheureux, non pour te faire

plaindre ou admirer. N'aie point d'autre volonté que d'agir ou de te contenir comme la raison l'exige pour le service de la cité.

### 13

Aujourd'hui même je suis sorti des difficultés qui m'embarrassaient, ou plutôt j'ai écarté ces difficultés, car elles n'étaient pas au dehors, mais au dedans de moi-même, dans mes jugements.

### 14

Tout ceci est devenu banal par l'usage, la durée en est éphémère, la matière vile. Tout est maintenant comme du temps de ceux que nous avons ensevelis.

### 15

Les choses restent à notre porte les unes sur les autres, ne sachant et ne révélant rien d'elles-mêmes. Qui est-ce qui nous les fait connaître ? Le principe dirigeant.

### 16

Le bien et le mal de l'être raisonnable et sociable résident dans son activité et non dans sa sensibilité, de même que dans son activité et non dans sa sensibilité résident ses vices et ses vertus.

### 17

Lancez une pierre; elle ne sent pas plus de mal à tomber que de bien à monter.

### 18

Pénètre dans leur for intérieur, et tu verras quels juges tu redoutes, et comment ils se jugent eux-mêmes.

### 19

Tout est dans un changement continue. Toi-même tu ne cesses

pas de changer et de mourir par quelque côté ; il en est de même de l'univers tout entier.

### 20

Il faut laisser là les fautes des autres.

### 21

La fin d'une action, le repos et pour ainsi dire la mort d'un désir et d'un jugement ne sont point un mal. Repasse maintenant la suite des âges de la vie, l'enfance, l'adolescence, la jeunesse, la vieillesse ; tous les changements de l'un à l'autre sont autant de morts. Y a-t-il là rien de terrible ? Repasse maintenant la vie que tu menais avec ton grand-père, puis avec ta mère, ensuite avec ton père; enfin, après avoir découvert en toi bien d'autres différences, et d'autres changements, [et d'autres morts partielles], demande-toi : y avait-il là rien de terrible ? Il n'y a donc rien non plus de terrible dans un arrêt, dans un repos, dans un changement de la vie tout entière.

### 22

Considère sans tarder ton propre principe dirigeant, celui de l'univers et celui de cet homme : le tien, pour t'en faire une raison pénétrée de justice ; celui de l'univers, afin de te rappeler de quel tout tu fais partie ; celui de cet homme, afin que tu saches s'il agit par ignorance ou avec réflexion, et que tu réfléchisses en même temps à la parenté qui vous unit.

### 23

Comme tu es toi-même né pour contribuer à parfaire l'organisme social, ainsi, que chacune de tes actions contribue à parfaire la vie de la société. Toute action qui ne se rapporte pas immédiatement ou de loin à cette fin commune est dans ta vie un élément de discorde et de sédition ; elle en rompt l'unité, de même que dans un peuple l'homme qui, pour sa part, s'écarte de l'unanime accord des volontés.

## 24

Colères et jeux d'enfants, petites âmes portant des cadavres1, cela ne fait-il pas assez bien comprendre l'évocation des morts [dans l'Odyssée] ?

## 25

[Va droit à la détermination du principe efficient et formel. Considère-le, abstraction faite de la matière. Suppute ensuite tout le temps que peut exister l'individu ou la chose en question].

## 26

Tu as souffert mille peines parce qu'il ne te suffisait pas que ton principe dirigeant fît ce pour quoi il a été constitué : mais en voilà assez.

## 27

Les autres te blâment-ils, te haïssent-ils, parlent-ils de toi de telle ou telle manière, pénètre au fond de leurs âmes et regarde ce qu'ils sont. Tu verras qu'il ne faut pas te tourmenter afin qu'ils aient de toi une opinion quelconque. Néanmoins, sois bon pour eux ; ils sont tes amis d'après la nature. Les Dieux aussi les aident de toute façon, par des songes, par des oracles, à obtenir précisément ces biens qui leur tiennent à cœur.

## 28

Le monde tourne toujours dans le même cercle, en haut, en bas, de siècle en siècle. Ou bien l'intelligence universelle se met en mouvement pour chaque objet particulier, et, s'il en est ainsi, tu dois suivre ce mouvement ; ou bien elle s'est mise en mouvement une fois pour toutes, et chaque événement est la conséquence de cette impulsion unique: et alors pourquoi te troubler ? ou enfin Autant vaut parler des atomes, des indivisibles. Bref, s'il y a un Dieu, tout va bien ; s'il n'y a que le hasard, tâche de ne pas t'abandonner toi-même au hasard.

Bientôt la terre nous recouvrira tous ; puis elle changera elle-même ; puis les choses changeront à l'infini ; puis encore à l'infini. Contemple ces marées [des changements et] des métamorphoses et leur marche rapide ; tu mépriseras alors tout ce qui est mortel.

### 29

La cause universelle est comme un torrent ; elle emporte tout. Qu'ils sont simples, ces pauvres hommes d'État, qui s'imaginent agir en philosophes ! Les morveux ! Fais donc, ô homme, si jamais tu dois le faire, ce que la nature réclame [maintenant] de toi. Entreprends l'œuvre qui t'est donnée et ne regarde pas autour de toi si on le sait. N'espère pas la république de Platon. Sois satisfait si les choses font un pas en avant, et considère ce résultat comme un succès. Qui pourra, en effet, changer les principes sur lesquels se règlent les hommes ? Et pourtant, en dehors de ce changement, y a-t-il autre chose que servitude, gémissements, convictions feintes ? Et maintenant, parle-moi d'Alexandre, de Philippe, de Démétrius de Phalère. Je les suivrait s'ils ont compris la volonté de la nature universelle, s'ils ont su être leurs propres pédagogues. S'ils n'ont, au contraire, été que des acteurs tragiques, personne ne m'a condamné à les imiter. L'œuvre de la philosophie est simple et modeste ; ne me pousse pas à l'orgueil.

### 30

Regarde de haut ces troupeaux innombrables, ces innombrables cérémonies, toutes ces traversées entreprises sur des mers orageuses ou tranquilles, cette variété de gens qui naissent, vivent autour de loi, et meurent. Pense aussi à tous les autres qui ont vécu autrefois, et à ceux qui vivront après toi, et à ceux qui vivent en ce moment chez les peuples barbares. Que d'hommes ne connaissent même pas ton nom ! Combien l'oublieront bien vite ! Combien, après t'avoir loué peut-être aujourd'hui, te dénigreront demain! Conclus que rien n'a aucun prix, ni la mémoire des hommes, ni la gloire, ni quelque autre chose que ce soit.

### 31

Ne te laisse jamais troubler par les événements qui proviennent de la cause extérieure ; observe la justice dans toutes les actions dont la cause est en toi ; je veux dire que le but de toutes tes tendances et de toutes tes actions doit être précisément d'agir pour la cité, parce que cela est conforme à ta nature.

### 32

Tu peux supprimer nombre de causes vaines de trouble qui n'existent que dans ton jugement. Tu te mettras largement à l'aise en embrassant par la pensée le monde entier, en réfléchissant à la durée éternelle, aux transformations rapides de toutes choses, en toutes leurs parties, en voyant combien est court le temps qui sépare, pour chaque être, la naissance de la dissolution, tandis que le temps antérieur à la naissance est infini, et sans terme également celui qui suivra la dissolution.

### 33

Toutes les choses que tu vois périront bientôt et ceux qui les auront vues périr périront bientôt à leur tour. L'homme mort à l'extrême vieillesse en sera au même point que celui dont la mort aura été prématurée.

### 34

Que sont les âmes de ces hommes ? De quoi se préoccupent-ils ? Quels sont les mobiles de leur amitié et de leur estime ? Suppose que tu vois leurs âmes toutes nues. Ils croient nuire par leurs blâmes ou se rendre utiles par leurs louanges. Quelle présomption !

### 35

La perte de la vie n'est qu'une transformation. Ces transformations plaisent à la nature universelle dont la sagesse a fait naître toutes les choses, les a fait naître de toute éternité suivant le même type et ne cessera d'en produire de semblables à l'infini. Que dis-tu donc ? Que tout a été et sera toujours mal, et que parmi tant de Dieux il ne s'en est pas trouvé un qui eût la puissance d'y remédier, et que le monde est condamné à une suite indéfinie de misères !

## 36

La pourriture est le fond de la matière dont se compose chaque être vivant ; c'est de l'humeur, de la poussière, des os, de la puanteur. D'autre part, les marbres ne sont que les callosités de la terre; l'or et l'argent en sont les sédiments ; nos vêtements ne sont que des poils de bêtes ; la pourpre n'est que du sang, et de même pour tout le reste. Le souffle vital n'est, lui-même, pas autre chose ; il change en passant d'un être à l'autre.

## 37

En voilà assez de cette vie misérable, et de toutes ces plaintes, et de toutes ces singeries ! Qu'est-ce qui te trouble ? Qu'y a-t-il de nouveau dans tout cela ? Qu'est-ce qui te met hors de toi ? Le principe efficient et formel ? Vois ce qu'il est. La matière ? Vois aussi ce qu'elle est. En dehors du principe efficient et de la matière, il n'y a rien. Hâte-toi plutôt d'être au regard des Dieux plus simple et meilleur. C'est la même chose d'avoir observé ce monde pendant cent ans ou pendant trois ans.

## 38

S'il a commis une faute, c'est là qu'est le mal. Mais peut-être n'en a-t-il pas commis.

## 39

Ou bien il n'y a qu'une intelligence, source unique de tout, d'où proviennent les événements qui atteignent les choses faisant comme un corps unique, et il ne convient pas que la partie se plaigne de ce qui lui arrive dans l'intérêt du tout ; ou bien il n'y a que des atomes et, par suite, rien que désordre et dispersion. Pourquoi donc te troubler ? Dis à ton principe dirigeant : tu n'es plus qu'une bête brute, faite pour la mort et la corruption ; tu joues ton rôle, tu fais partie du troupeau et tu te repais avec lui.

## 40

Ou les Dieux ne peuvent rien, ou ils peuvent quelque chose. S'ils ne peuvent rien, pourquoi les prier ? S'ils peuvent quelque chose, au lieu de leur demander d'écarter de toi ceci ou cela, ou de te le procurer, pourquoi ne les pries-tu pas plutôt de faire que tu n'éprouves ni crainte, ni désir, ni chagrin, à propos de ceci ou de cela ? En effet, s'ils peuvent venir en aide aux hommes, ils le peuvent aussi en ce point. Mais peut-être diras-tu : « Les Dieux m'ont accordé ce pouvoir. » Eh bien, ne vaut-il pas mieux user librement de ce qui est en ton pouvoir que de te porter, en t'abaissant au rôle d'un esclave, vers ce qui ne dépend pas de toi ? Qui t'a dit, d'ailleurs, que les Dieux ne nous aident pas également pour ce qui est en notre pouvoir ? Commence donc par les prier à ce propos, et tu verras. Un tel fait cette prière : Comment pourrais-je posséder cette femme? Toi, tu feras celle-ci: Comment pourrais-je ne pas désirer posséder cette femme? Un autre : Comment me débarrasser de ceci ? Et toi : Comment n'avoir pas besoin de m'en débarrasser ? Un autre : Oh ! si je pouvais ne pas perdre mon enfant! Et toi: Oh ! si je pouvais ne pas craindre de le perdre ! En un mot, dirige dans ce sens tes prières et observe ce qui arrivera.

### 41

Épicure dit : « Quand j'étais malade, je ne m'entretenais pas des souffrances de mon corps, et je ne parlais jamais de ce sujet à ceux qui venaient me voir. Je continuais comme auparavant à philosopher sur la nature ; je m'appliquais à savoir comment notre pensée, tout en participant à ces mouvements intérieurs de la chair, pouvait demeurer tranquille et conserver ce qui est son bien propre. Je ne permettais pas non plus aux médecins de se flatter de leur importance; ma vie était encore calme et heureuse. » Imite son exemple, dans la maladie et dans toutes les autres circonstances. C'est une recommandation commune à toutes les écoles de ne point s'écarter de la philosophie au milieu de tous les accidents et de ne point partager les propos frivoles des ignorants et des profanes. Il faut être uniquement attentif à ce que l'on fait et à l'instrument avec lequel on le fait

### 42

Lorsque tu t'es heurté à l'impudence d'un homme, demande-toi immédiatement : est-il possible qu'il n'y ait pas d'impudents dans le monde ? Ce n'est pas possible. Ne demande donc pas l'impossible. Cet homme est, en effet, un de ces impudents qui existent nécessairement dans le monde. Fais-toi le même raisonnement à propos des scélérats, des traîtres et de toutes les espèces de gens vicieux. En te rappelant qu'il est impossible que de telles gens n'existent pas, tu seras plus bienveillant pour chacun d'eux. Il est bon aussi de te demander immédiatement quelle vertu la nature a donnée à l'homme contre tel vice. Elle lui a donné, en effet, comme contre-poison, la douceur contre l'ingratitude, et contre chaque autre vice une vertu particulière. Enfin, tu peux instruire et ramener dans le droit chemin celui qui s'en est écarté, car toute faute égare l'homme et l'éloigné du but de la vie. D'ailleurs, as-tu éprouvé un dommage ? Mais aucun de ceux contre qui tu t'irrites n'a jamais rien fait de tel que ta pensée en valût moins ; or, c'est en cela seulement que consiste tout mal, tout dommage. Qu'y a-t-il donc de mauvais et d'étrange pour toi à ce que l'ignorant agisse en ignorant ? Vois plutôt si tu ne devrais pas te reprocher à toi-même de n'avoir pas prévu qu'un tel homme commettrait une telle faute. La raison t'avait donné le moyen de comprendre que [vraisemblablement] cet homme commettrait cette faute, mais tu l'as oublié et tu t'étonnes qu'il l'ait commise. C'est surtout lorsque tu reproches à quelqu'un son ingratitude ou son manque de foi qu'il faut faire ce retour sur toi-même. C'est évidemment ta faute ou d'avoir cru qu'un homme doué d'un tel caractère garderait sa foi, ou, en lui rendant service, de l'avoir fait incomplètement et sans penser recueillir immédiatement par ton action elle-même [tout] le fruit du bienfait. Que veux-tu de plus quand tu fais du bien à un homme ? Ne te suffit-il pas d'avoir agi conformément à ta nature, et cherches-tu à en tirer un salaire ? C'est comme si l'œil voulait être récompensé d'y voir et les pieds de marcher. De même que ces organes ont été créés pour une certaine fonction, et qu'en la remplissant selon leur constitution [propre], ils reçoivent tout ce qui leur revient, de même l'homme né bienfaisant, quand il rend un service, quand il vient en aide aux autres pour des choses en elles-mêmes indifférentes, ne fait qu'accomplir sa fonction naturelle, et il a tout ce qui lui est dû.

# LIVRE X

Quand donc, ô mon âme, seras-tu bonne, simple, une, nue, plus visible que le corps qui t'enveloppe ? Quand donc auras-tu le goût d'une disposition affectueuse et tendre ? Quand donc seras-tu satisfaite, sans besoins, sans regrets, sans désirer aucun plaisir, aucun objet de ton plaisir, animé ou inanimé ? Quand ne souhaiteras-tu ni le temps, pour prolonger autant que possible tes jouissances, ni le lieu, ni tel séjour, ni telle température plus douce, ni même tel milieu plus sociable ? Quand donc, au contraire, contente de ton état présent, heureuse de tout ce que tu possèdes, te persuaderas-tu que tu as reçu des Dieux tout ce qu'il te faut, que tout est bien [en ce qui te concerne], et sera toujours bien à l'avenir, selon leur volonté, selon ce qu'il leur plaira d'accorder pour la conservation de l'être parfait, qui comprend toute bonté, toute justice, toute beauté, qui produit, conserve et contient tout, qui reprend, pour en faire sortir d'autres êtres semblables, tous ceux que la mort a dissous ? Quand donc seras-tu capable de vivre dans la cité des Dieux et des hommes sans te plaindre d'eux et sans qu'ils te condamnent ?

## 2

Observe ce que réclame de toi la nature, en tant que ce n'est qu'une simple nature qui te gouverne ; puis fais-le, accepte-le, si ta nature d'être vivant ne doit pas en souffrir. Observe ensuite ce que réclame ta nature d'être vivant et accepte-le sans réserve, si ta nature d'être raisonnable ne doit pas en souffrir. La raison mène, d'ailleurs, droit à la solidarité. Suis ces règles et ne cherche rien de plus.

### 3

Tout ce qui t'arrive est tel que tu es [naturellement] capable ou incapable de le supporter. S'il t'arrive des choses telles que tu sois [naturellement] capable de les supporter, ne te fâche point, mais supporte-les comme tu en es capable. Si elles sont telles que tu sois [naturellement] incapable de les supporter, ne te fâche point ; elles épuisent tes forces, mais s'anéantissent elles-mêmes en même temps. Rappelle-toi, toutefois, que tu es [naturellement] capable de supporter tout ce qu'il dépend de ton jugement de rendre supportable et tolérable, en te représentant que tel est ton intérêt ou ton devoir.

### 4

S'il se trompe, avertis-le avec bonté, et montre-lui son erreur. Si tu n'y réussis pas, accuse-toi toi-même, ou mieux ne t'accuse même pas.

### 5

Quelque chose qui t'arrive, elle t'avait été préparée à l'avance de toute éternité ; l'enchaînement des causes comprenait de tout temps [dans la même trame] ce que tu devais être et cette chose qui devait t'arriver1.

### 6

Qu'il n'y ait que des atomes ou une nature, ceci doit être établi d'abord : je suis une partie du tout que gouverne la nature, et ensuite je suis lié par un rapport de parenté avec les parties de même espèce que moi. Me rappelant, en effet, que je ne suis qu'une partie, je ne verrai d'un mauvais œil rien de ce qui m'est attribué par le tout, car rien de ce qui est utile au tout ne peut être nuisible à la partie. Le tout ne contient rien qui ne lui soit utile ; c'est là une propriété commune à toutes les natures, et celle de l'univers s'est arrangée, en outre, de manière à n'être forcée par aucune cause extérieure à engendrer quelque chose qui lui fût nuisible. Me rappelant donc que je suis une partie d'un tel tout, je ferai bon visage à tout ce qui m'arrivera. En raison de ce que je suis lié par un rapport de parenté avec les parties de même espèce que moi, je ne ferai rien de contraire aux lois de la solidarité; bien plus, je m'attacherai à ce qui est de même espèce que moi, je dirigerai tous mes efforts vers le bien commun et je les détournerai de ce qui lui est hostile. Ces choses ainsi faites, la vie doit s'écouler heureuse. On regarde, en effet, comme heureux le citoyen qui s'avance dans la vie en étant utile à ses concitoyens et qui accueille avec empressement toute part que lui fait la cité.

### 7

Toutes les parties du tout qu'est le monde sont nécessairement condamnées à la destruction ; mais, par ce mot, je veux dire le changement. Si cette nécessité est un mal pour elles, l'univers est donc mal ordonné, puisque ses parties, s'acheminant vers cette transformation, sont faites pour être finalement détruites de mille manières. La nature se serait ainsi appliquée à faire [elle-même] du mal aux parties dont elle est constituée, et en les exposant au mal et en les obligeant à y tomber : ou bien cette destruction aurait lieu sans qu'elle s'en aperçût! Les deux hypothèses sont invraisemblables.. Veux-tu, laissant là le rôle de la nature, t'en tenir à cette explication : « C'est ainsi » ? Même alors, il serait ridicule de prétendre que les parties de l'univers sont faites pour changer, et en même temps de s'en étonner et de s'en indigner, comme si ces changements étaient contraires aux lois de la nature : d'autant plus que la dissolution aboutit aux éléments mêmes dont chaque chose est composée. Ou bien, en effet, les éléments assemblés en moi se dispersent, ou bien ils font retour, l'élément solide à la terre, le volatil à l'air ; et tous sont repris dans la raison universelle, soit que l'univers doive être consumé après une période déterminée, soit qu'il se renouvelle par d'éternels échanges. Et par cet élément solide et cet élément volatil n'entends pas ceux qui se trouvaient dans le corps à la naissance. Ils n'y sont entrés qu'hier ou avant-hier par la nourriture et la respiration. C'est seulement ce que le corps a reçu qui change, non ce que la mère avait enfanté. — Suppose, d'ailleurs, qu'un lien très fort t'unisse encore à cet enfant : je ne vois pas ce que cela pourrait faire au raisonnement qui précède.

## 8

Quand tu te seras appliqué les mots suivants: bon, délicat, sincère, prudent, confiant, magnanime, prends garde d'avoir pris de faux noms, et, si tu les perds, reviens-y au plus vite. Souviens-toi que prudent signifie l'examen pénétrant et attentif de chaque objet ; confiant, le consentement volontaire à tout ce qui nous est attribué par la nature universelle ; magnanime, le pouvoir, pour la partie pensante de nous-mêmes, de se tenir au-dessus des mouvements doux ou violents de la chair, au-dessus de la réputation, de la mort et de tout le reste. Si tu demeures fidèle à ces noms, sans désirer que les autres te les donnent, tu seras un autre homme et tu entreras dans une autre vie. Rester tel que tu as été jusqu'ici, te tourmenter et t'avilir dans l'existence que tu mènes, est le fait d'un homme [vraiment] dépourvu de sentiment, qui se cramponne à la vie, semblable à ces belluaires déjà à demi dévorés, qui, couverts de blessures et de sang, demandent cependant d'être conservés jusqu'au lendemain pour être livrés de nouveau aux mêmes griffes et aux mêmes morsures. Embarque-toi donc, comme sur un esquif, sur ces quelques noms. Si tu peux y rester, restes-y comme si tu avais été transporté dans de nouvelles îles des Bienheureux ; si tu sens que tu vas tomber, que tu n'es plus maître de toi, réfugie-toi résolument dans quelque coin où tu rentreras en possession de toi-même, ou encore sors définitivement de la vie, sans colère, simplement, librement, modestement, ayant du moins fait quelque chose dans ta vie, puisque tu l'auras ainsi quittée. Tu seras puissamment aidé à te souvenir de ces noms par le souvenir des dieux ; ils ne veulent pas être flattés, mais ils veulent que tous les êtres raisonnables leur ressemblent, que le figuier remplisse sa fonction de figuier, le chien sa fonction de chien, l'abeille sa fonction d'abeille, l'homme sa fonction d'homme.

## 9

Un mime, la guerre, la crainte, l'indolence, la servitude efface-ront peu à peu de ton esprit [tous] ces dogmes sacrés que, faute de philosophie, tu négliges comme tu les conçois. Il faut voir et agir en tout de façon à accomplir ce qui est exigé par les circonstances, tout en exerçant notre faculté d'observation et en conservant au fond de nous-mêmes, sans le dissimuler d'ailleurs, le fier contentement que donne la science de chaque chose. Quand donc, en effet, jouiras-tu du plaisir d'être simple, grave, du plaisir de connaître chaque chose, ce qu'elle est dans sa réalité matérielle, quelle place elle occupe dans le monde, combien de temps elle doit durer, de quoi elle est composée, à qui elle doit appartenir, qui peut la donner ou l'enlever ?

## 10

Une araignée est fière d'avoir pris une mouche, celui-ci un lièvre, cet autre une sardine dans son filet, cet autre des sangliers, cet autre des ours, cet autre des Sarmates. Tous ces hommes ne sont-ils pas des brigands, si tu regardes leurs principes ?

## 11

Fais-toi une méthode d'observation, et sans cesse examine comment toutes les choses se transforment les unes dans les autres ; exerce-toi à cette étude spéciale. Rien n'est mieux fait pour élever l'âme. Il s'est affranchi de son corps, celui qui a considéré qu'il faudra [bientôt] tout quitter en quittant les hommes, et il s'abandonne entièrement à la justice en tous ses actes, à la nature universelle pour tous les événements qui lui arrivent. Il ne se demande même pas ce qu'on dira de lui, ce qu'on pensera de lui, ce qu'on fera contre lui. Deux choses lui suffisent : agir présentement selon la justice, aimer la part qui lui est présentement faite. Il est libre d'affaires et de préoccupations ; il n'a qu'une volonté, marcher à l'aide de là loi dans le droit chemin et suivre dans ce chemin les traces de Dieu.

## 12

Quel besoin de te livrer aux conjectures, quand tu peux te rendre compte de ce que tu dois faire ? Si tu le vois, porte-toi de ce côté de bonne humeur, sans te retourner en arrière ; si tu ne le vois pas, attends, recours à de sages conseillers. Si tu rencontres quelque obstacle sur ton chemin, procède suivant la raison et d'après les moyens dont tu disposes, en t'attachant à ce qui te paraît juste. Il est [en effet très] beau de réussir dans ce dessein puisqu'il est [si] facile d'y échouer. L'homme qui suit la raison en tout est à la fois tranquille et prêt à l'action : il porte une âme sereine et sérieuse cependant.

### 13

Demande-toi, à l'instant même où tu te réveilles, s'il t'importera qu'un autre blâme ce que tu auras fait de juste et d'honnête ? Cela t'importera peu. As-tu oublié ce que sont ces gens qui montrent tant d'arrogance en louant ou en blâmant les autres, comment ils se conduisent au lit, à table, ce qu'ils font, ce qu'ils cherchent à éviter, ce qu'ils poursuivent, ce qu'ils volent, ce qu'ils ravissent, non avec les pieds ou les mains, mais avec la partie la plus auguste d'eux-mêmes, source, pour qui le veut, de la bonne foi, de la pudeur, de la vérité, de la loi, mère enfin de notre bon génie ?

### 14

L'homme qui s'est instruit, l'homme qui est modeste dit à la nature, qui nous donne et nous reprend toutes choses : « Donne-moi ce que tu voudras, reprends-moi tout ce que tu voudras. » Et il ne parle pas ainsi par orgueil, mais dans un sentiment d'obéissance et d'amour pour la nature.

### 15

C'est peu de chose que le temps qui te reste à vivre. Vis comme si tu étais sur une montagne. Il importe peu, en effet, que l'on vive ici ou là, pourvu que l'on soit partout dans le monde comme dans une cité. Que les hommes voient et reconnaissent en toi un homme véritable, vivant conformément à la nature. S'ils ne peuvent le supporter, qu'ils te tuent. Cela vaut mieux que de vivre comme eux.

### 16

Ne discute pas sur ce que doit être un honnête homme ; sois-le.

### 17

Figure-toi sans cesse la durée totale et la matière totale ; chaque partie n'est, par rapport à la matière, qu'un grain de figue et, par rapport au temps, qu'un tour de vrille.

### 18

En examinant avec soin chaque objet, dis-toi qu'il est en train de se dissoudre, de se transformer, de se décomposer [en quelque sorte] et de se disperser ; enfin, songe que chaque chose meurt, [si je puis ainsi dire,] par le fait qu'elle est née.

### 19

Vois ce qu'ils sont, d'une part, quand ils mangent, dorment, s'accouplent, vont à la selle, etc.; puis, au contraire, quand ils font les hommes ?, se pavanant, s'irritent, blâment sans mesure. Il n'y a qu'un moment, de combien de besoins ils étaient esclaves, et par quels actes ils y cédaient ! Et tout à l'heure ils y reviendront !

### 20

Ce que la nature universelle apporte à chacun lui est utile, et utile au moment où elle le lui apporte.

### 21

« La terre aime la pluie ; le vénérable éther aime aussi la pluie. » Le monde aime à créer les êtres à venir. Je dis donc au monde : « J'aime ce que tu aimes.» N'emploie-t-on pas aussi, même en parlant des choses, les mots : « aimer à, » au sens d'«avoir coutume» ?

### 22

Ou tu vis là où tu es, et tu t'y es habitué ; ou tu te transportes ailleurs, et tu l'as voulu ; ou tu meurs, et ta tâche est remplie. En dehors de cela il n'y a rien. Aie donc bon courage.

## 23

Que ceci soit toujours évident à tes yeux: ce qu'est la cour pour toi (?), un champ l'est pour cet autre ; vivre ici ou au sommet d'une montagne, ou au bord de la mer, ou en quelque lieu que ce soit, c'est, en somme, la même chose. Tu arriveras tout droit au mot de Platon : «...enfermé dans un parc sur la montagne, et tirant le lait de ses brebis. »

## 24

Quel est le principe qui commande en moi ? Qu'en fais-je à présent? A quel objet est-ce que je l'applique présentement ? Serait-il dépourvu d'intelligence ? Se serait-il violemment détaché de tous sentiments de solidarité ? Serait-il mêlé à cette misérable chair et confondu avec elle au point d'obéir à toutes ses impulsions ?

## 25

Celui qui fuit de chez son maître est un déserteur. La loi est notre maîtresse ; par suite, celui qui la viole est un déserteur. Mais celui qui s'afflige, qui s'irrite, qui s'effraie, ne veut pas que se soit produit dans le passé ou se produise dans le pré sent ou dans l'avenir tel événement prescrit par l'ordonnateur de toutes choses, la loi, qui répartit à chacun ce qui lui revient. Donc, celui qui s'effraie, ou s'afflige, ou s'irrite, est un déserteur.

## 27

Ne cesse pas de te dire que toutes choses ont toujours été telles qu'elles sont aujourd'hui, et qu'elles seront telles encore dans l'avenir. Mets-toi devant les yeux toutes les comédies et toutes les scènes semblables que tu connais par ta propre expérience et par l'histoire, toute la cour d'Hadrien, toute celle d'Antonin, toute celle de Philippe, d'Alexandre, de Crésus. Ces spectacles étaient tous pareils ; les acteurs seuls ont changé.

## 28

Figure-toi bien que celui qui s'afflige ou s'irrite à propos de quoi que ce soit ressemble au porc que l'on égorge et qui regimbe et crie. De même celui qui, étendu sur son lit, gémit en silence sur les liens qui nous enchaînent. L'obéissance volontaire à tout ce qui lui arrive est le privilège réservé à l'animal raisonnable ; l'obéissance, volontaire ou non, est une nécessité pour tous.

### 29

Examine en détail chacune de tes actions et demande-toi si l'obligation d'y renoncer te rend la mort redoutable.

### 30

Quand tu te heurtes à la faute d'un autre, détourne-toi d'elle pour observer les fautes semblables que tu commets : par exemple si tu considères comme un bien l'argent, le plaisir, la gloire, ou autre chose de ce genre. Cet examen te fera vite oublier ta colère ; tu reconnaîtras que cet homme subit une violence : que pourrait-il donc faire ? Ou, si tu le peux, délivre-le de ce qui lui fait violence.

### 31

Quand tu vois Satyrion, imagine-toi un Socratique, Eutychès ou Eumène ; quand tu vois Euphrate, imagine-toi Eulychion ou Silvanus; quand tu vois Alciphron, imagine-toi Tropéophore ; en voyant Xénophon, pense à Criton ou à Sévérus ; en te considérant toi-même, figure-toi quelqu'un des Césars, et, à propos de chaque personne, celle à qui elle ressemble. Que cette réflexion te vienne ensuite à l'esprit: Où sont-ils? Nulle part, ou n'importe où. En t'appliquant à regarder ainsi les choses humaines, tu verras qu'elles ne sont qu'une fumée, un rien, surtout si tu te rappelles que ce qui a une fois changé ne reparaîtra plus dans la durée infinie. Pourquoi donc te tourmenter ? Ne te suffit-il donc pas de parcourir décemment cette courte existence ? Quelle matière, quel sujet de réflexion tu laisses échapper ! Qu'est-ce, en effet, que tout cela, sinon une occasion d'exercer notre raison par l'examen attentif et philosophique de la vie? Tiens donc bon jusqu'à ce que tu te sois pénétré de toutes ces vérités, de même qu'un estomac robuste s'assimile tous les aliments et qu'un feu brillant transforme en flamme et en clarté tout ce qu'on y jette.

## 32

Qu'il ne soit permis à personne de dire vrai en disant de toi que tu n'es ni simple ni bon ; que quiconque te juge ainsi en ait menti ; cela dépend de toi. Qui peut, en effet, t'empêcher d'être simple et bon ? Sois seulement décidé à ne plus vivre si tu n'es pas tel. Car la raison ne te commande pas de vivre si tu ne l'es pas.

## 33

Telle matière5 nous étant donnée, qu'est-il possible de dire ou de faire de plus raisonnable ? Quoi que ce soit, tu peux le faire ou le dire. Ne donne pas pour prétexte que tu en es empêché. Tant que tu ne feras pas, avec la matière qui t'est fournie et qui tombe sous ton action, ce qui convient à ta constitution d'homme ; tant que tu ne seras pas aussi sensible à ce plaisir que l'homme efféminé est sensible à la volupté, tu ne cesseras point de gémir. Il faut considérer comme une jouissance toute action possible conforme à notre nature propre. Or, ces actions sont possibles en toute circonstance. Un cylindre ne peut pas toujours se mouvoir de son mouvement propre, pas plus que l'eau, le feu et les autres corps gouvernés par une nature ou une âme dépourvue de raison ; ils trouvent beaucoup d'obstacles et d'entraves. Mais l'esprit et la raison peuvent poursuivre leur marche à travers toutes les difficultés, suivant leur nature et leur volonté. Persuadé de cette facilité avec laquelle ta raison peut se porter partout, comme le feu s'élève dans l'air, comme la pierre tombe, comme le cylindre roule sur une pente, ne demande rien de plus. Les autres obstacles ou bien ne sont que pour le corps, ce cadavre ; ou bien, si notre jugement et notre raison ne se relâchent point, ils ne blessent pas, ils ne font aucun mal : si l'on en souffrait, on serait par là même avili. Tout [malencontreux] accident qui arrive à un autre être ou à un autre objet quelconques enlève de sa valeur à ce qui le subit ; l'homme, au contraire, s'il est permis de le dire, vaut davantage et mérite plus de louanges quand il sait tirer parti de toutes les difficultés. En un mot, souviens-toi que rien de ce qui ne nuit pas à la cité universelle ne nuit au citoyen, et que ce qui ne nuit pas à la loi ne nuit pas à la cité ; or, aucun de ces incidents que l'on impute à la mauvaise chance ne nuit à la loi. Ne nuisant pas à la loi, il ne nuit donc ni à la cité ni au citoyen.

## 34

A celui sur qui ont pu mordre les dogmes vrais, la moindre chose et la plus ordinaire suffit pour rappeler qu'il ne doit éprouver ni chagrin ni crainte. Par exemple ces vers : « Parmi les feuilles, les unes sont jetées à terre par le vent... : ainsi la race humaine » Ce sont, en effet, des feuilles que tes enfants ; feuilles aussi, tous ceux qui t'acclament et te louent avec conviction, ou bien, au contraire, te maudissent ou te blâment et te raillent secrètement ; feuilles, enfin, ceux qui, après ta mort, se transmettront ta mémoire. Tout cela « naît au printemps » ; puis le vent le fait tomber, et la forêt produit d'autres feuilles à la place des anciennes. La brièveté est le sort commun à tout, et pourtant tu recherches ou tu fuis les choses de la vie, comme si elles devaient être éternelles. Dans peu de temps, tu fermeras toi-même les yeux ; et bientôt un autre pleurera celui qui t'aura conduit au tombeau.

## 35

Un œil sain doit voir tout ce qui est visible et ne pas dire : « Je voudrais voir du vert. » Ceci convient, en effet, aux yeux malades. Une ouïe ou un odorat sain doit être capable d'entendre ou de sentir tout ce qui peut être entendu ou senti. Un estomac sain doit être prêt à accepter toute espèce de nourriture, comme une meule tous les objets qu'elle est destinée à moudre. De même, une intelligence saine doit être préparée à tous les événements. Celle qui dit : « Que mes enfants soient sauvés, » ou : « Que tout le monde me loue, quoi que je fasse, » est l'œil qui demande du vert, ou la dent qui réclame des aliments tendres.

## 36

Personne n'est assez fortuné pour qu'à sa mort aucun des assistants ne se réjouisse de son malheur. S'agit-il d'un homme vertueux et sage ? Il se trouvera bien quelqu'un au dernier moment pour se dire à soi-même: « Nous allons enfin respirer, délivrés de ce pédagogue. Sans doute, il n'était méchant pour aucun de nous, mais je sentais que dans son for intérieur il nous condamnait. » Voilà donc ce que l'on dira de l'homme vertueux. Mais nous, pour combien d'autres raisons beaucoup de gens ne désireraient-ils pas être délivrés par notre mort ? Tu feras ces réflexions à tes derniers moments, et tu t'en iras plus tranquille en te disant: « Voilà donc la vie que j'abandonne ; mes compagnons eux-mêmes, pour qui je me suis donné tant de peines, tant de soucis, pour qui j'ai formé tant de vœux, veulent me mettre dehors, espérant que mon départ sera peut-être pour eux une sorte de soulagement. » Pourquoi donc s'obstinerait-on à demeurer ici plus longtemps ? Néanmoins, que cela ne t'empêche pas de partir avec les mêmes sentiments de bienveillance pour eux tous; sois fidèle à tes habitudes d'attachement, d'indulgence, de bonté. N'aie pas l'air non plus de t'arracher d'eux péniblement ; sépare t'en comme l'âme, dans une mort heureuse et facile, se dégage du corps. La nature m'avait uni et attaché à eux, maintenant elle brise ce lien ; qu'il soit donc brisé; je les quitte comme des amis, mais sans violence, sans déchirement ; car cette séparation elle aussi est une loi de nature.

### 37

A propos de tout ce que font les autres, prends l'habitude, autant que possible, de te demander à toi-même: « Quel but cet homme poursuit-il ? » Mais commence par toi-même, en t'examinant tout le premier.

### 38

Souviens-toi que ce qui fait mouvoir la marionnette, c'est ce qui est caché au dedans de nous: c'est là qu'est le siège de la persuasion, c'est là qu'est la vie, c'est là, si je puis dire, qu'est l'homme. Ne t'imagine pas que ce soit l'espèce de vase qui te renferme, ni ces organes façonnés pour toi. Ils sont comme la hache à deux tranchants qui n'est utile que si elle est attachée à un manche. Toutes ces parties n'ont pas plus d'utilité pour toi, sans la cause qui les met en mouvement et les retient, que la navette pour la tisseuse, le roseau pour l'écrivain, le fouet pour le cocher.

# LIVRE XI

Propriétés de l'âme raisonnable : elle se voit, elle se façonne, elle se fait telle qu'elle veut être, elle recueille elle-même le fruit qu'elle porte (ce sont d'autres, au contraire, qui recueillent les fruits des plantes, et il en est de même pour les animaux), elle atteint sa fin propre lorsqu'est arrivé le terme de la vie. Son action n'est point comme une représentation chorégraphique ou dramatique, ou autre, où une coupure fait tout manquer. A tout âge de la vie, à quelque endroit qu'elle s'interrompe, l'âme a rempli, sans que rien y manque, l'objet qu'elle s'était proposé ; et elle peut dire : « J'ai tout ce qui me revenait.» En outre, l'âme embrasse le monde et le vide qui l'entoure; elle en examine la figure ; elle étend ses regards dans l'infini de la durée ; elle comprend les renaissances périodiques de l'univers, et, en les considérant, elle se rend compte que nos successeurs ne verront rien de nouveau, que nos prédécesseurs non plus n'ont rien vu de plus que nous, — et qu'un homme de quarante ans, pour peu qu'il soit intelligent, a vu, en quelque sorte, toutes les choses qui ont été et toutes celles qui seront, en ce sens qu'elles sont toujours semblables à elles-mêmes. Enfin, le propre de l'âme raisonnable est l'amour du prochain, la sincérité, la pudeur ; elle ne met rien au-dessus d'elle-même, ce qui est aussi propre à la loi. C'est ainsi qu'il n'y a aucune différence entre la raison droite et la raison qui fonde la justice.

2

Tu mépriseras le charme du chant, de la danse et du pancrace quand tu auras décomposé une voix mélodieuse en chacun de ses sons et que tu te seras demandé, à propos de chacun d'eux, si c'est là ce qui te ravit, car tu en auras honte; quand tu auras fait la même chose pour la danse, à propos de chaque mouvement et de chaque attitude ; et de même, enfin, pour le pancrace. Bref, pour tout ce qui n'est pas la vertu ou un effet de la vertu, va droit aux éléments des choses, et, par cette analyse, arrive à les mépriser ; applique le même procédé à la vie tout entière.

3

Quelle âme que celle qui, dès qu'il lui faut se séparer de son corps, est prête ou à s'éteindre, ou à se disperser, ou à subsister ! Il faut que cette disposition soit l'effet de son propre jugement, et non d'une simple obstination, comme chez les chrétiens ; qu'elle se décide après réflexion, avec gravité, de manière à pouvoir en persuader d'autres, et sans étalage tragique.

4

Ai-je agi conformément aux principes de la solidarité ? Je me suis donc rendu service. Que cette pensée soit toujours présente à ton esprit, ne la quitte jamais.

5

Quel est ton art ? D'être homme de bien. Est-il un meilleur moyen d'y parvenir que d'avoir des principes, concernant les uns la nature universelle, et les autres la constitution propre de l'homme ?

6

Les premières pièces représentées furent des tragédies qui rappelaient aux spectateurs les accidents de la vie, en leur montrant qu'ils sont dans l'ordre de la nature et leur enseignant à ne pas s'affliger, quand ils avaient lieu sur une scène plus grande, des événements qui les avaient intéressés sur celle du théâtre. On voit, en effet, que les choses ne doivent pas se passer autrement et que ceux mêmes qui s'écrient : « O Cithéron ! » n'échappent pas à cette loi. Les auteurs de ces drames y expriment aussi certaines vérités utiles, comme celle-ci surtout : « Si les Dieux me négligent, moi et mes [deux] enfants, leur négligence même a une raison. » — Et encore: « Il ne faut pas s'irriter contre les choses. » — Et : « Moissonnez la vie comme l'épi fécond». » — Et d'autres semblables.

Après la tragédie, parut l'ancienne comédie, capable, par sa franchise, de faire utilement la leçon aux hommes et de les rappeler à la modestie par la liberté [même] de son langage. Ce n'est pas pour autre chose que Diogène la lui emprunta.

Considère pourquoi l'on a ensuite adopté ce qu'on appelle la comédie moyenne et, en dernier lieu, la nouvelle, qui peu à peu dégénéra en une imitation adroite de la réalité. Je n'ignore pas qu'il s'y trouve aussi quelques bonnes choses. Mais que voulaient, en définitive, quel but s'étaient proposé les poètes qui ont créé un tel genre de composition dramatique ?

**7**

Comme il tombe clairement sous le sens qu'il n'y a pas de règle de conduite plus propre à la pratique de la philosophie que celle que tu suis maintenant !

**8**

Une branche détachée de la branche à laquelle elle adhérait est forcément détachée de l'arbre entier. De même l'homme retranché de la société d'un seul homme est retranché de la société entière. Mais c'est un autre qui coupe la branche, tandis que l'homme se sépare lui-même de son prochain par haine et par aversion ; il ne voit pas qu'il s'est en même temps mis en dehors de toute la cité. Toutefois, Zeus, qui a formé la société, nous a accordé un privilège : nous avons le pouvoir de nous réunir à nouveau à celui à qui nous adhérions et de rentrer dans le tout pour le compléter. Mais si cette division est trop fréquente, le retour et la réintégration dans l'unité sont difficiles. Il y a une différence entre la branche qui a poussé avec les autres, qui a vécu avec elles, et celle qui a été greffée de nouveau sur l'arbre, quoi qu'en disent les jardiniers. Croissons donc ensemble sur le même tronc, sans avoir pour cela les mêmes dogmes.

9

Ceux qui veulent t'empêcher de marcher suivant la raison droite ne réussiront pas à te détourner d'agir sainement. Qu'ils ne t'empêchent pas non plus d'être bienveillant pour eux. Tâche de demeurer ferme dans tes jugements et dans tes actions sans cesser d'être doux pour ceux qui essaient de te faire obstacle ou qui t'importunent. Leur en vouloir est une marque de faiblesse, aussi bien que de renoncer à ce que tu as entrepris et lâcher pied parce que l'on t'a frappé. On déserte son poste en prenant en aversion celui que la nature avait fait notre frère et notre ami, aussi bien qu'en tournant le dos dans la bataille.

10

Il n'y a point de nature inférieure à l'art, car l'art imite la nature. S'il en est ainsi, la nature la plus parfaite de toutes, celle qui comprend toutes choses, ne peut le céder en industrie à l'art. Tous les arts font ce qui est inférieur pour le subordonner à ce qui est supérieur ; la nature universelle ne procède donc pas autrement. Là est l'origine de la justice d'où proviennent les autres vertus, car on ne peut observer la justice si l'on s'attache aux choses indifférentes, si l'on est facile à tromper, téméraire et changeant.

11

Puisque les choses ne vont pas vers toi et que, cependant, tu es tourmenté par le désir ou par la crainte, c'est que, d'une façon quelconque, tu vas vers elles. Que ton esprit reste en reposé et s'abstienne de les juger ; comme elles demeureront elles-mêmes immobiles, on ne te verra plus ni les désirer ni les craindre.

12

L'âme est une sphère parfaite (?) quand elle ne se tend pas dans une direction quelconque ni ne se resserre en elle-même; quand elle ne se tord pas et ne s'affaisse pas, mais quand en elle brille le feu qui lui permet de voir la vérité partout et en elle-même.

## 13

Quelqu'un me méprisera ? C'est son affaire. Mais moi, je prendrai garde à ne rien faire et à ne rien dire qui mérite le mépris. Quelqu'un me haïra ? C'est son affaire. Mais moi je resterai bienveillant et dévoué pour tout homme, même pour celui-là, prêt à lui indiquer son erreur, sans lui faire de reproches, sans lui faire sentir que je m'efforce de le supporter, mais sincèrement, loyalement, comme en usait le grand Phocion, à moins qu'il ne fît semblant. Tel doit être l'intérieur de notre âme ; il faut que les Dieux n'y voient aucune disposition à s'indigner et à se plaindre. Car quel mal souffres-tu si tu fais maintenant ce qui est conforme à ta nature propre, et si tu reçois ce qui convient en ce moment à la nature universelle, ô homme, qui que tu sois, mis à ce poste pour servir l'intérêt de l'univers ?

## 14

Ils se méprisent, et ils se flattent les uns les autres; ils veulent se supplanter, et ils se font mutuellement des courbettes.

## 15

Comme il faut être corrompu et hypocrite pour dire : « J'ai résolu d'agir franchement avec vous !» Homme, que fais-tu ? Une pareille déclaration est déplacée. On te verra bien à l'œuvre. C'est sur ton front que cela doit être inscrit. Cela s'entend tout de suite dans la voix, se lit tout de suite dans les yeux, de même que dans les regards de ses amants celui qu'ils recherchent reconnaît tout de suite leur passion. En un mot, l'homme simple et bon doit être comme celui qui a une mauvaise odeur ; il faut qu'en l'abordant, qu'il le veuille où non, l'on sente qui il est. L'affectation de la franchise est de la duplicité. Rien n'est plus honteux qu'une amitié de loup. Garde-t'en par-dessus tout. L'homme bon, simple, bienveillant porte ces qualités dans ses yeux ; elles n'échappent à personne.

## 16

Nous trouvons dans notre âme le pouvoir de vivre heureux, pourvu que nous sachions être indifférents aux choses indifférentes. Nous y serons indifférents si nous considérons chacune d'elles à part et dans son ensemble, si nous nous rappelons qu'aucune d'elles ne met en nous l'opinion que nous en avons, ni ne vient vers nous ; elles sont immobiles ; c'est nous qui créons les jugements que nous portons sur elles, et qui les gravons pour ainsi dire en nous-mêmes, quand nous pourrions ne pas le faire, ou, si nous le faisons par mégarde, les effacer [aussitôt]. Rappelons-nous aussi que cette surveillance durera peu et qu'ensuite notre vie sera finie pour jamais. Que peuvent donc les choses avoir de pénible pour nous ? Si elles sont conformes à ta nature, il faut t'en réjouir et les accueillir de bon cœur ; si elles sont contraires à ta nature, cherche ce qui lui est conforme et tâche de l'atteindre, quand même tu n'en recueillerais aucune gloire : il est bien permis à chacun de chercher son bien propre.

## 17

Examiner l'origine de chaque objet, [les éléments qui le constituent,] ses transformations, le résultat de ces transformations, et comment il ne peut lui arriver aucun mal.

## 18

Et d'abord, je dois considérer quel rapport m'unit aux hommes ; comment nous sommes nés les uns pour les autres ; puis, à un autre point de vue, comment je suis né pour leur commander, de même que le bélier ou le taureau commande à son troupeau. Remonte plus haut et pars de ceci : si l'univers n'est pas fait d'atomes, c'est la nature qui gouverne tout ; dans ce cas, les êtres inférieurs ont été créés pour les supérieurs, et ceux-ci les uns pour les autres.

Deuxièmement, considérer ce que sont les hommes, à table, dans leur lit, et ainsi de suite ; — principalement, à quelles nécessités leurs principes les assujettissent, et tout ce qu'ils font, avec quel orgueil ils le font.

Troisièmement, si les hommes agissent ainsi avec raison, il ne faut pas s'indigner ; si ce n'est point avec raison, c'est évidemment malgré eux et par ignorance. C'est malgré elle, en effet, que toute âme est privée tant de la vérité que du pouvoir d'attribuer à chaque chose sa vraie valeur. Voilà pourquoi ils s'indignent qu'on les appelle injustes, ingrats, cupides, bref, coupables à l'égard de leur prochain.

Quatrièmement, considère que tu es coupable toi-même et que tu es un homme pareil à eux; si tu t'abstiens de quelques-unes de leurs fautes, tu n'en as pas moins l'aptitude à les commettre, bien que tu les évites par lâcheté, par vanité ou par l'effet de quelque vice semblable.

Cinquièmement, tu ne sais pas même exactement s'ils sont coupables, car on agit souvent par ménagement. Enfin, il faut s'être d'abord beaucoup informé avant de se prononcer en connaissance de cause sur les actes d'autrui.

Sixièmement, quand tu te laisses aller à l'indignation ou à l'impatience, réfléchis que la vie de l'homme a une durée imperceptible et que bientôt nous sommes tous étendus dans le tombeau.

Septièmement, leurs actions ne nous tourmentent pas ; elles n'existent que dans leurs âmes ; ce sont nos jugements sur elles qui nous tourmentent. Supprime-les donc ; aie la volonté de renoncer à juger qu'elles soient un mal pour toi, et ta colère a disparu. Comment donc supprimer ton jugement ? En réfléchissant qu'il n'y a là aucune honte pour toi. En effet, s'il y avait d'autre mal que ce qui est honteux, tu commettrais nécessairement toi-même beaucoup de crimes, tu deviendrais un brigand, un homme capable de tout.

Huitièmement, considère que la colère et le chagrin que nous font éprouver leurs actions sont bien plus pénibles pour nous que les actions mêmes qui nous irritent ou nous chagrinent.

Neuvièmement, que la bienveillance est invincible si elle est sincère, si elle n'est pas une hypocrisie, une grimace. Que pourrait te faire l'homme le plus insolent du monde si tu persistes à le traiter avec bienveillance, si, à l'occasion et à loisir, tu l'exhortes doucement et lui fais la leçon en profitant de la circonstance même où il cherche à te faire du mal ? « Non, mon enfant ; nous sommes nés pour autre chose. Ce n'est pas à moi que tu peux nuire, tu ne nuis qu'à toi-même, mon enfant. » Montre-lui clairement, par une considération générale, que telle est la règle : ni les abeilles n'agissent comme lui les unes envers les autres, ni les animaux qui vivent en troupeaux. Parle-lui sans ironie et sans reproche, mais avec tendresse, d'une âme qui ne soit point ulcérée ; ne parle pas non plus comme à l'école, ni pour être admiré par l'assistance, mais comme s'il était seul, même quand il y aurait quelques témoins.

Retiens ces neuf commandements essentiels comme des présents que tu aurais reçus des Muses ; commence, enfin, pendant que tu vis, à être un homme. Il faut se garder, d'ailleurs, de les flatter aussi bien que de s'irriter contre eux ; dans les deux cas, on agit contrairement au bien de la société et on est conduit à faire du mal. Dans tes accès de colère, rappelle-toi qu'il n'est pas digne d'un homme de s'emporter ; la douceur et le calme sont des vertus à la fois plus humaines et plus viriles. C'est celui qui les possède qui a réellement de l'énergie, de la vigueur et du courage ; non celui qui s'indigne et qui s'impatiente. On a d'autant plus de force qu'on est plus impassible. La colère est, comme le chagrin, un signe de faiblesse. Dans les deux cas, on est blessé et l'on capitule.

Si tu le veux, reçois encore un dixième présent du Musagète. Demander que les méchants ne fassent point de mal est une folie ; c'est demander l'impossible. Mais leur permettre d'être méchants pour les autres et vouloir qu'ils ne le soient pas pour nous, c'est de la déraison et de la tyrannie.

### 19

Il y a quatre orientations de ton principe directeur dont tu dois toujours te garder avec une attention particulière. Dès que tu surprends ces erreurs, il faut les effacer en te disant, à propos de chacune d'elles : « Cette représentation n'est point nécessaire ; celle-ci contribue à rompre l'accord universel ; cette autre ne vient pas de toi ; or, regarde comme tout à fait absurde de dire ce que tu ne penses pas. » A propos de la quatrième, tu te reprocheras de subordonner et d'asservir la partie la plus divine de toi-même à la partie mortelle et la moins noble, au corps, et à ses émotions, rudes ou douces.

### 20

Ton souffle et tout ce qu'il y à d'igné en toi qui s'y mêle, quoique faits par la nature pour s'élever, obéissent cependant à la structure de tout ton être et y demeurent, retenus dans l'agrégat.

De même, tout ce qui est terrestre en toi, comme tout ce qui est humide, quoique fait pour descendre, se redresse cependant et se maintient dans une place qui ne lui est pas naturelle. Ainsi les éléments se conforment à la loi de l'ensemble dont ils font partie et où ils ont été placés, et ils sont forcés d'y rester jusqu'à ce que le signal [du départ et] de la dissolution leur soit donné. N'est-il donc pas étrange que seule la partie raisonnable de ton être soit désobéissante et s'indigne de la place où elle a été mise ? Elle ne subit pourtant aucune violence ; on ne lui impose que ce qui est conforme à sa nature ; néanmoins, elle ne se soumet pas, mais s'emporte en sens contraire. Tout mouvement vers l'injustice, la licence, la colère, la tristesse, la crainte, n'est qu'une manière de s'écarter de la nature. [Et] lorsque ton principe dirigeant se révolte contre un événement quelconque, [alors aussi] il déserte son poste. Car il a été fait pour la sainteté et la piété non moins que pour la justice. Ces vertus sont aussi des formes de la sociabilité, ou plutôt elles sont antérieures à la justice.

### 21

Celui qui n'a pas dans la vie un but unique, toujours le même, ne peut pas non plus n'être qu'un seul et même homme jusqu'à sa mort. Mais ce que je viens de dire ne suffit pas : il faut y ajouter quel doit être ce but. Il n'y a pas unanimité d'opinion sur tous les biens quelconques qui paraissent tels au plus grand nombre, mais seulement sur certains biens, je veux dire ceux qui intéressent la société tout entière ; aussi, nous devons nous proposer un but utile à la société et à la cité. Celui qui dirige vers ce but tous ses efforts donnera de l'unité à ses actions et, à ce point de vue, restera toujours le même.

### 22

Rappelle-toi le rat montagnards et le rat de maison, leur frayeur et leur agitation [éperdue].

### 23

Socrate appelait les croyances de la plupart des hommes des Lamies, des épouvantails pour les enfants.

## 24

Les Lacédémoniens, dans leurs spectacles, offraient aux étrangers des sièges à l'ombre ; eux-mêmes s'asseyaient n'importe où.

## 25

Socrate disait à Perdiccas, qui lui reprochait de ne pas venir chez lui : « J'aurais peur de périr de la mort la plus affreuse. » Il voulait dire : « J'aurais peur de ne pouvoir rendre les bienfaits que j'aurais reçus. »

## 26

Dans les écrits des Épicuriens, il y avait une recommandation spéciale de toujours avoir présent à l'esprit le souvenir d'un des hommes vertueux d'autrefois.

## 27

Les Pythagoriciens recommandent de regarder le ciel dès l'aurore, afin de nous rappeler ces êtres qui poursuivent leur œuvre toujours d'après les mêmes lois et toujours de même, et de penser à leur harmonie, à leur pureté, à leur nudité : car un astre n'a point de voile ».

## 28

Tu te rappelles comment Socrate s'était couvert d'une peau de mouton, un jour que Xanthippe lui avait pris son manteau pour sortir, et ce qu'il dit à ses disciples confus, qui allaient se retirer en le voyant dans cet équipage.

## 29

Tu ne pourrais être un maître dans l'art d'écrire et de lire avant d'avoir eu toi-même des maîtres. De même, à plus forte raison, dans l'art de vivre.

### 30

« Tu es né esclave, lu n'as pas la parole. »

### 31

« Et le rire fut dans mon cœur. »

### 32

« Ils blâmeront la vertu en termes amers. »

### 33

Chercher une figue pendant l'hiver est une folie ; c'en est une aussi que de demander son enfant quand on ne peut plus l'avoir.

### 34

En embrassant son enfant, il faut, dit Épictète, penser en soi-même : « Demain, peut-être, il sera mort. » — Voilà des paroles de mauvais augure. — Pas le moins du monde, répond-il ; elles ne font que désigner une action de la nature : sinon, il serait, de mauvais augure de dire qu'on moissonne les épis.

### 35

Raisin vert, raisin mûr, raisin sec, tous ces mots indiquent des changements, non vers la non-existence, mais vers une autre existence que l'existence actuelle.

### 36

Il n'y a pas de brigand qui puisse nous voler notre libre arbitre. C'est un mot d'Épictète.

### 37

Il disait qu'il fallait connaître l'art d'acquiescer [aux représentations sensibles] et conserver toute son attention en ce qui touche les tendances, pour qu'elles fussent accompagnées de réserves, conformes au bien universel et proportionnées à la valeur des objets ; s'abstenir absolument de tout désir et n'avoir jamais d'aversion pour rien de ce qui ne dépend pas de nous.

### 38

Ce n'est pas pour la première chose venue, disait-il, que nous luttons, mais pour perdre ou conserver notre raison.

### 39

Socrate disait: Que voulez-vous? avoir des âmes d'êtres raisonnables ou d'êtres sans raison ? — D'êtres raisonnables. — De quels êtres raisonnables ? bons ou mauvais ? — Bons. — Pourquoi donc ne cherchez-vous pas à les acquérir ? — Parce que nous les avons. — Alors, pourquoi ces combats et ces disputes ?

## LIVRE XII

Tous ces biens que tu désires et que tu cherches à atteindre par des détours, tu peux les avoir dès maintenant, si tu n'es pas ton propre ennemi. Je veux dire si, laissant là tout le passé et te confiant pour l'avenir à la Providence, tu ne t'occupes que du présent et en disposes suivant la sainteté et la justice. Suivant la sainteté, afin d'aimer ton lot, car la nature l'a préparé pour toi et toi pour lui. Suivant la justice, afin de dire la vérité librement et sans ambages, afin d'agir selon la loi et selon la valeur des choses; afin de n'être arrêté ni par la méchanceté, ni par les jugements, ni par les paroles d'autrui. ni même par aucune sensation de la chair qui t'enveloppe, car cela n'importe qu'à ce qui en souffre. Si donc, au moment quel qu'il soit où il faudra partir, il se trouve qu'oubliant tout le reste, tu as respecté [uniquement] ton principe directeur et le Dieu qui est en toi, et craint non point de cesser de vivre, mais plutôt de n'avoir jamais commencé à vivre conformément à la nature, tu seras un homme digne du monde qui t'a engendré, tu cesseras d'être un étranger dans ta patrie, tu ne regarderas plus avec étonnement les événements de chaque jour comme s'ils étaient inopinés, tu ne seras plus suspendu à ceci ou à cela.

**2**

Dieu voit à nu toutes les âmes hors de leur vase matériel, de l'écorce et des souillures qui les recouvrent. C'est par son intelligence seule qu'il les atteint, et il ne s'attache qu'à ce qui émane et descend de lui en elles. Si tu prends toi aussi cette habitude, tu supprimeras en toi toute cause de tourment. Celui qui ne cesse de voir la chair qui l'entoure, de fixer son regard sur l'habit, la maison, la renommée, sur tout ce qui n'est qu'enveloppe et mise en scène, sera toujours préoccupé.

3

Tu es composé de trois parties : le corps, le souffle, la raison. Les deux premières ne t'appartiennent qu'en ce sens qu'il faut t'en occuper ; la troisième seule est véritablement tienne. Écarte donc de toi-même, je veux dire de ta pensée, tout ce que font ou disent les autres, tout ce que tu as fait ou dit toi-même, tout ce que tu redoutes pour l'avenir, tout ce qui te vient du corps qui t'enveloppe ou du souffle que la nature t'a donné avec le reste, mais non de ton libre arbitre, tout ce que roule le tourbillon extérieur qui t'environne, afin que ta force intelligente, détachée de la fatalité, pure et libre, puisse vivre par elle-même en agissant selon la justice, en voulant les événements qui lui arrivent, en disant la vérité ; écarte, dis-je, de ce principe qui te dirige les passions qui lui viennent de certains attachements, et l'idée du temps futur ou le souvenir du passé ; rends-toi pareil à la sphère d'Empédocle, « sphère parfaitement ronde, heureuse et fière de sa stabilité ; » ne te soucie de vivre que l'instant où tu vis, c'est-à-dire l'instant présent, et tu pourras passer tout le temps qui te reste jusqu'à la mort noblement, dans la paix morale, en souriant à ton génie.

4

Je me suis souvent demandé avec étonnement pourquoi chacun de nous s'aime plus que tous les autres et attache cependant moins de prix à son propre jugement sur soi-même qu'à celui des autres. Il est certain que si un Dieu ou un maître sage venait nous ordonner de ne jamais rien concevoir ni rien penser en nous-mêmes, sans aussitôt l'exprimer au dehors, le crier même, nous ne le supporterions pas un seul jour. Il est donc vrai que nous appréhendons l'opinion du voisin sur nous-mêmes plus que la nôtre.

### 5

Comment les Dieux, qui ont tout ordonné avec sagesse et avec bonté, ont-ils seulement oublié le point que voici ? Il y a des hommes que leurs vertus ont comme liés par autant de contrats avec la divinité, et qui sont entrés dans l'intimité des Dieux par leurs actions saintes et pieuses. Cependant, une fois morts, ils ne reviennent plus à l'existence, et leurs âmes sont éteintes pour toujours. Puisque ces choses sont, sache bien que, s'il avait fallu qu'elles fussent autrement, les Dieux les auraient faites autrement. Si cela avait été juste, cela aurait aussi été possible ; si cela avait été conforme à la nature, la nature y aurait consenti. Mais si cela n'est pas, — et cela n'est pas, en effet, — tu dois croire qu'il ne fallait pas que cela fût. Tu vois bien toi-même qu'en adressant aux Dieux cette réclamation tu les fais juges de ta causes. Mais nous ne discuterions pas ainsi avec les Dieux s'ils n'étaient pas très bons et très justes. Et s'ils le sont, ils n'ont pas pu, injustement et sans raison, négliger quelque point dans l'ordre du monde.

### 6

Exerce-toi même à ce que tu désespères d'accomplir. La main gauche, inhabile pour tout le reste parce qu'elle n'en a pas l'habitude, tient les rênes avec plus de vigueur que la main droite parce qu'elle y est habituée.

### 7

Rappelle-toi dans quel état du corps et de l'âme la mort doit nous prendre ; la brièveté de la vie, l'immensité de la durée derrière et devant nous, l'infirmité de toute matière.

### 8

Il faut voir le principe dépouillé de son écorce, et le but de toute action ; ce que c'est que la douleur, le plaisir, la mort, la gloire ; comment on est soi-même cause de ses ennuis; comment aucun homme ne peut être empêché d'agir par un autre homme ; que tout est dans notre jugement.

## 9

Dans le maniement des dogmes, il faut imiter l'athlète qui concourt pour le pancrace et non le gladiateur ; celui-ci laisse tomber l'épée dont il se sert, et il est tué ; l'autre a toujours son poing, et il lui suffit de le fermer.

## 10

Il faut considérer la nature des choses en en distinguant la matière, le principe efficient et formel, la fin.

## 11

Quel pouvoir que celui de l'homme ! Il est libre de ne faire que ce que Dieu doit approuver et d'accepter tout ce que Dieu lui envoie.

## 12

Ne blâmons pas les Dieux de ce qui arrive dans l'ordre de la nature ; ils ne se trompent, en effet, ni volontairement ni involontairement. Ne blâmons pas non plus les hommes, car ils ne se trompent jamais que malgré eux. Conséquemment, ne blâmons personne.

## 13

Comme il est ridicule et naïf de s'étonner de quoi que ce soit qui arrive dans la vie !

## 14

Ou une nécessité fatale, un ordre immuable, ou une Providence que l'on peut fléchir, ou un chaos produit par le hasard et sans direction. Si c'est une nécessité immuable qui mène le monde, pourquoi lui résister ? Si c'est une Providence accessible aux prières, rends-toi digne du secours divin. S'il n'y a qu'un chaos sans direction, réjouis-toi d'avoir en toi-même une raison pour te guider au milieu d'un tel tourbillon. Et si ce tourbillon t'emporte à la dérive, qu'il emporte ta chair, ton souffle, et tout le reste : il ne pourra pas du moins emporter ta raison.

### 15

[Quoi !] La flamme d'un flambeau brille jusqu'à ce qu'il soit éteint et ne perd rien de son éclat ; et la vérité, la justice, la tempérance qui sont en toi s'éteindraient avant toi !

### 16

Si tel homme te fait l'impression d'avoir commis une faute, dis-toi: « Sais-je si c'est une faute ? », et, si c'en est une, dis-toi qu'il s'est condamné lui-même et que c'est comme s'il s'était déchiré les yeux.

Celui qui ne veut pas que le méchant commette de mauvaises actions est comme celui qui ne veut pas que les fruits du figuier contiennent du suc, que les petits enfants vagissent, que le cheval hennisse, et pareillement pour toutes les autres choses nécessaires. Que peut-il faire, en effet, avec une telle disposition ? Si tu as assez d'ardeur, c'est cette disposition qu'il faut guérir.

### 17

Si cette action ne convient pas, ne la fais pas ; si cette parole n'est pas vraie, ne la dis pas. Que ton âme soit au moins capable de se détourner.

### 18

Voir toujours et à fond ? la nature de ce qui a fait sur toi une impression, l'examiner dans tous ses détails, en distinguant le principe efficient et formel, la matière, la fin, le temps où il faudra que cette chose cesse.

### 19

Ne sens-tu pas, enfin, que tu as en toi-même quelque chose de meilleur et de plus divin que ce qui cause tes passions et te fait mouvoir tout d'une pièce comme une marionnette ? Qu'est devenue en ce moment ma pensée ? Est-elle de la crainte, des soupçons, du désir, ou quelque chose de semblable ?

## 20

En premier lieu, ne jamais agir au hasard et sans but. En second lieu, n'avoir jamais d'autre fin que le bien universel.

## 21

Rappelle-toi que bientôt tu ne seras plus rien, [ni toi,] ni aucune des choses que tu vois, ni aucun des hommes qui vivent en ce moment. Toutes choses sont nées pour changer, s'altérer et disparaître, afin que d'autres choses, toujours renouvelées, naissent à leur place.

## 22

Tout est dans le jugement, et le jugement dépend de toi. Supprime donc, quand tu le voudras, ton jugement, et pareil au matelot qui a doublé un cap, tu trouveras le calme, l'immobilité et un port sans tempête.

## 23

Une action quelconque, qui a pris fin en temps opportun, ne reçoit aucun dommage par le fait qu'elle a pris fin. Celui qui l'a accomplie ne reçoit non plus aucun dommage par le fait qu'elle est finie. De même la vie, qui est l'ensemble de nos actions, quand elle prend fin en temps opportun, ne reçoit aucun dommage par le fait qu'elle a pris fin, pas plus que n'en pâtit celui qui en temps opportun interrompt cette suite d'actions. Ce moment opportun et ce terme sont fixés par la nature, par notre nature particulière dans le cas où nous mourons de vieillesse, et dans tous les cas par la nature universelle. Le changement des parties qui la composent maintient, en effet, l'univers dans sa fraîcheur et dans sa force ; et tout ce qui est utile à l'univers ne saurait être mauvais ni hors de saison. Ainsi la fin de la vie n'est un mal pour aucun de nous, puisqu'elle ne comporte aucune déchéance [morale], qu'elle ne dépend point de nous et qu'elle n'est pas contraire à la solidarité universelle. Au contraire, elle est un bien pour nous, puisqu'elle est opportune, utile à l'univers et conforme à ses lois. Car il porte Dieu en lui-même, celui dont la pensée se porte aux mêmes fins et par les mêmes voies que Dieu.

### 24

Aie toujours présentes à l'esprit ces trois règles. A propos de chacune de tes actions, te demander si tu as agi au hasard ou autrement que ne l'aurait fait la justice elle-même ; à propos des accidents extérieurs, réfléchir qu'ils arrivent par hasard ou par l'effet de la Providence : or, il n'y a pas à blâmer le hasard ni à se plaindre de la Providence. Deuxièmement, voir ce qu'est chaque être depuis qu'il est à l'état de germe jusqu'au moment où il vit, et depuis le moment où il vit jusqu'à celui où il expire, de quels éléments il est composé et en quels éléments il se dissout. Troisièmement, te dire que si, enlevé tout à coup dans les airs, tu pouvais de là contempler l'humanité et la variété des choses, tu mépriserais les hommes en voyant quelle quantité d'êtres habitent autour d'eux, dans l'air et dans l'éther ; ajouter que chaque fois que tu t'élèverais ainsi, tu ne verrais jamais que les mêmes choses, la même [uniformité] et la même brièveté. Et voilà de quoi l'on s'enorgueillit !

### 25

Éloigne de toi ton jugement et tu es sauvé. Or, qui peut t'empêcher de l'éloigner ?

### 26

Lorsque quelque chose te fâche, tu oublies que tout arrive conformément à la nature universelle, que les fautes commises en dehors de toi ne te louchent pas et, en outre, que tout a toujours été ainsi, et le sera et l'est actuellement [partout] ; tu oublies quels liens de parenté rattachent tous les hommes à toute la race humaine, car ils participent tous, non au même sang ni au même germe, mais à la même intelligence. Tu oublies encore que la raison de chacun est Dieu et émane de la divinité, que rien n'appartient en propre à personne, mais que l'enfant, que le corps, que l'âme même de chacun de nous viennent de Dieu ; que tout est dans notre jugement ; qu'enfin chacun ne vit que le moment présent et ne perd que ce moment.

### 27

Repasse sans cesse dans ta mémoire le souvenir de ceux qui se sont emportés violemment pour quoi que ce soit, de ceux qui se sont signalés par une grande gloire, de grands malheurs, de grandes inimitiés ou par une fortune quelconque, et demande-toi : Qu'est maintenant devenu tout cela ? De la fumée, de la cendre, une légende, ou pas même une légende. Représente-toi à la fois tous ces exemples: Fabius Catullinus dans son champ, Lucius Lupus dans ses jardins, Stertinius à Baies, Tibère à Caprée, Vélius Rufus, bref tous les efforts de la présomption humaine vers un but quelconque, et vois la puérile vanité de tous ces efforts. Combien n'est-il pas plus philosophique d'user de la matière qui nous est donnée pour devenir justes, tempérants, pour suivre les Dieux avec simplicité, car l'orgueil que l'on conçoit de son humilité est de tous le plus déplaisant !

### 28

A ceux qui te demandent : « Pour honorer les Dieux comme tu le fais, où les as-tu vus, et qu'est-ce qui t'a convaincu de leur existence ?» réponds : « D'abord, ils sont visibles ; et puis, sans avoir jamais vu mon âme, je l'honore néanmoins. De même, je reconnais l'existence des Dieux par l'expérience que je fais à chaque instant de leur puissance, et, par suite, je les vénère. »

### 29

Voici qui nous sauvera dans notre vie: voir à fond la nature de chaque chose, sa matière, son principe efficient et formel», pratiquer la justice de toute son âme et ne dire que la vérité. Que reste-t-il après cela que de jouir de la vie, en ajoutant l'une à l'autre nos bonnes actions, de façon à ne laisser entre elles que le plus petit intervalle possible ?

### 30

La lumière du soleil est une, bien qu'elle soit divisée par des murs, des montagnes et mille autres objets. La matière commune est une, bien qu'elle soit divisée entre une multitude de corps individuels. L'âme est une, bien qu'elle se divise entre des natures innombrables par autant de déterminations. L'âme raisonnable est une, bien qu'elle paraisse également divisée. Dans les choses que je viens d'énumérer, tout ce qui n'est pas la pensée, par exemple le souffle et la matière inerte, est dépourvu de sentiment, et étranger aux parties semblables, bien que celles-ci rentrent dans la même unité, et que la pesanteur les entraîne dans le même sens. Au contraire, la pensée tend naturellement vers ce qui est de même origine qu'elle, et s'y attache, sans que cette sympathie et cette union rencontrent aucun obstacle.

### 31

Que demandes-tu ? Prolonger ta vie ? Tu demandes donc de sentir, de désirer, de grandir, puis de dégénérer, de parler, de penser ? Qu'y a-t-il dans tout cela qui paraisse désirable ? S'il est facile de mépriser chacun de ces [prétendus] avantages, cherche donc le bien suprême, qui est de suivre la raison et Dieu. Mais il est contradictoire de mépriser ces choses et de gémir lorsque la mort nous en prive.

### 32

Quelle faible partie de la durée infinie et insondable a été attribuée à chacun de nous! Elle s'évanouit bien vite dans l'éternité. Et quelle petite partie de toute la matière ! Et quelle petite partie de l'âme universelle! Et sur quel grain de la terre tout entière rampent tes pas ! Réfléchis à tout cela, et ne t'imagine pas qu'il y ait rien de grand, si ce n'est d'agir suivant ta nature et de supporter ce que t'apporte la nature universelle.

### 33

Comment se comporte le principe dirigeant de ton âme ? Tout est là. Le reste, que tu le veuilles ou non, n'est que cadavre et fumée.

## 34

Même ceux qui considèrent le plaisir comme un bien et la douleur comme un mal ont cependant méprisé la mort. Est-il rien qui puisse mieux nous encourager à la mépriser ?

## 35

Celui qui pense que cela seul est bien qui arrive en sa saison, et à qui il est indifférent d'avoir accompli plus ou moins d'actions conformément à la raison [droite], et d'avoir regardé le monde plus ou moins longtemps», celui-là ne craint pas non plus la mort.

## 36

Homme, tu as été citoyen de cette grande cité : que t'importe de l'avoir été pendant cinq ans ou pendant trois ans ? Tout ce qui est conforme à la loi est égal pour tous. Est-il donc si terrible d'être renvoyé de la cité, non par un tyran ni par un juge injuste, mais par la nature qui t'y avait introduit ? C'est comme si un chorège congédiait de la scène l'acteur qu'il y avait reçu ! « Mais je n'ai pas joué les cinq actes de la pièce, je n'en ai joué que trois. — C'est vrai ; mais, dans la vie, le drame tout entier n'a que trois actes. Celui qui en détermine la durée complète est celui qui a jadis fait le composé dont tu es formé et qui maintenant le dissout ; tu n'es l'auteur de rien de tout cela. » Va-t'en donc de bonne grâce, puisque celui qui te congédie est bienveillant.

# CRÉDITS

---

Copyright © 2019 by FV Éditions
Tous Droits Réservés

---

Également disponible

www.ingramcontent.com/pod-product-compliance
Lightning Source LLC
LaVergne TN
LVHW091538070526
838199LV00002B/108